CITY GUIDE

Dresden

von Roland Mischke

W0180584

Auf der hinteren Umschlaginnenseite finden Sie einen ausfaltbaren Stadtplan.

Inhalt

◁ *Erstrahlt in alter Pracht: die Kuppel der Tabakfabrik Yenidze*

1 Willkommen in Dresden

Für den gebürtigen Dresdner Erich Kästner war die Stadt voller »Kunst und Geschichte und trotzdem kein zu damaliger Zeit von 650 000 Dresdnern zufällig bewohntes Museum«. Eines seiner schönsten Bekenntnisse lautet: »Wenn es zutreffen sollte, dass ich nicht nur weiß, was schlimm und hässlich, sondern auch, was schön ist, so verdanke ich diese Gabe dem Glück, in Dresden aufgewachsen zu sein.« Heinrich von Kleist hatte schon zuvor die »große feierliche Lage« inmitten der grandiosen Elblandschaft gerühmt: In welcher deutschen Großstadt darf sich ein Fluss noch so »unbezwungen« durch das Zentrum schlängeln! Und welche Stadt hat in und vor ihren Toren eine solche Vielzahl an Kunst- und Naturschätzen zu bieten – vom berühmten Zwinger und seinen Kunstsammlungen über den Sommersitz der kurfürstlichen und königlichen Familien in Pillnitz bis hin zur bizarren Felsenlandschaft der Sächsischen Schweiz. Der einmaligen Symbiose von Landschaft, Architektur und Kunst verdankte die Stadt einst ihren Ruf als Kulturmetropole ersten Ranges: Elb-Florenz.

Davon war im Februar 1945, nach den katastrophalen Zerstörungen durch die britischen und amerikanischen Bomberverbände, nichts mehr übrig. Total vernichtet wurden 15 Quadratkilometer städtisches Territorium. Es wird angenommen, dass wahrscheinlich mehr als 35 000 Menschen den Tod fanden. Der Neuaufbau des Altmarktes in den fünfziger Jahren des 20. Jahrhunderts war eine der ersten Maßnahmen zur Wiederbelebung der totgesagten Stadt, und die Geschichte des Wiederaufbaus ist eine Geschichte zäher Kämpfe zwischen sozialistischen Städteplanern und geschichtsbewussten Denkmalschützern. Das Ergebnis so mancher Auseinandersetzung kann der Besucher bei einem Rundgang durch Alt- und Neustadt entdecken.

Heute ist die Hauptstadt von Sachsen zu einem der beliebtesten Reiseziele in Deutschland geworden. Besonders locken die kulturellen Anziehungspunkte der Stadt, neben einem Besuch in der Semperoper natürlich ein Konzert des weltbekannten Kreuzchores oder ein Gang durch die einmaligen Museen. Trotz der zahlreichen Baustellen mit ihren Kränen und Gerüsten erkennt der Besucher, dass Dresden sich anschickt, wieder das zu werden, was es einmal war: Elb-Florenz.

Relaxen auf den Elbwiesen mit Sekundogenitur, Ständehaus, Schloss, Hofkirche und Semperoper als Kulisse (von links)

2 Chronik
Daten zur Stadtgeschichte

4000 v. Chr.	Erste Niederlassungen auf dem linken Elbufer; ab 1400 v. Chr. beiderseits der Elbe. Zur Zeitenwende besiedeln Germanen die Region. 600 n. Chr. nehmen Slawen das Gebiet in Besitz.
6 Jh. v. Chr.	Verschiedene Stämme wandern durch den Elbraum, werden zeitweise ansässig. Die Region gilt als keltisch-germanisches Durchdringungsgebiet.
1 Jh. n. Chr.	Die germanischen Hermunduren gelangen zur Vorherrschaft.
4 Jh. n. Chr.	Nach dem Abzug der Germanen übernehmen sorbische Stämme friedlich von dem freigewordenen Land Besitz. Viele der heutigen Flur-, Gewässer- und Ortsnamen gehen auf diese Zeit zurück.
10. Jh.	König Heinrich I. unterwirft die Slawen. 929 kommt es zur Gründung der Burg Meißen.
13. Jh.	»Dresdene« wird 1206 erstmals urkundlich erwähnt, 1216 wird Dresden in einer anderen Urkunde als Stadt benannt.
14. Jh.	Unter Markgraf Wilhelm I. entwickelt sich Dresden ab 1382 zur Residenzstadt. 1370 wird die Besiedlung und Bebauung der anderen Uferseite, Altdresden, urkundlich festgehalten.
15. Jh.	Dresden wird ständige Residenz der Wettiner. 1491 brennt fast die Hälfte der Stadt nieder. Neueste Ausgrabungen belegen für diese Zeit den Bau der ersten Elbbrücke an der Stelle der heutigen Augustusbrücke, deren Baubeginn bisher ins 13. Jh. datiert worden war.
16. Jh.	Reformatorische Bestrebungen. 1518 predigt Martin Luther in Dresden. Unter Herzog Heinrich dem Frommen wird 1539 der reformatorische Glauben eingeführt. Unter Herzog Moritz entwickelt sich Dresden zur führenden protestantischen Metropole. 1550 wird Altendresden – aus dem sich später die Neustadt entwickelt – eingegliedert.
17. Jh.	Während des Dreißigjährigen Krieges wird Dresden geplündert. Ein Großbrand in Altendresden vernichtet zwei Drittel des Stadtteils. 1694 übernimmt Friedrich August I., August der Starke, die Regierung. Drei Jahre später wird er König von Polen. Dresden entwickelt sich zur Kunst- und Kulturmetropole von europäischem Rang (»Elb-Florenz«).

18. Jh. Anfang des Jh. wird die Malerakademie, die spätere Dresdner Kunstakademie, gegründet. 1729 leben 46 000 Menschen in Dresden. Im Siebenjährigen Krieg unterliegt Sachsen den Preußen. Große Teile der Altstadt werden zerstört. 1785 vollendet Friedrich Schiller in Dresden seine »Ode an die Freude«.

August der Starke, gemalt von Louis de Silvestre, 1723

19. Jh. Napoleon zieht 1807 in Dresden ein. Ab 1830 finden bürgerliche Reformen in Sachsen statt. Der Dresdner »Maiaufstand« von 1849 wird blutig niedergeschlagen. Richard Wagner und Gottfried Semper müssen die Stadt danach verlassen. Mitte des Jahrhunderts wird das Hoftheater (erste Semperoper) erbaut und die erste deutsche Eisenbahnfernverbindung von Leipzig nach Dresden wird eingeweiht.

Dresdens Entwicklung als Industriestadt (besonders Präzisionsmaschinenbau) beginnt. In den siebziger Jahren wird das Opernhaus (zweite Semperoper) nach einem Brand wieder errichtet und später wird die Brühlsche Terrasse bebaut, Albertinum, Kunstakademie und Landtagsgebäude entstehen.

1902 Durch Eingemeindung von elf Vororten wächst die Einwohnerzahl auf 500 000.

1918 Absetzung der sächsischen Monarchie während der Novemberrevolution und Ausrufung der Republik.

1920 Dresden wird Hauptstadt des Freistaates Sachsen.

1933 Nationalsozialisten besetzen alle Schlüsselpositionen in der Stadt.

1945 In den Nächten vom 13. bis zum 15. Februar zerstören die Bomben britischer und amerikanischer Fliegerverbände die Stadt. Tausende von Menschen sterben einen grausamen Tod. Unwiederbringliche Kunst- und Kulturschätze gehen für immer verloren. Im Mai beginnt die Zeit der sowjetischen Besatzung.

1949 Gründung der DDR am 7. Oktober.

1952 Auflösung der Landesregierung Sachsen. Die DDR wird in Bezirke aufgeteilt, Dresden wird Hauptstadt des gleichnamigen Bezirks. Der Neuaufbau des Stadtzentrums beginnt 1953 am Altmarkt.

1956 Rückgabe wertvoller Kunstsammlungen des Grünen Gewölbes, des Kupferstichkabinetts und anderer Museen durch die Sowjetunion. Darunter befindet sich auch Raffaels »Sixtinische Madonna«.

1965 Als erstes historisches Gebäude entsteht der Zwinger wieder neu.

1985 Die dritte Semperoper wird nach neun Jahren Bauzeit mit Webers »Freischütz« wieder eröffnet. Im Jahr darauf beginnt der Wiederaufbau des Schlosses.

1989 Die Montagsdemonstrationen leiten in der DDR die friedliche Revolution und damit die »Wende« ein (9. November).

1990 Neubildung des Freistaates Sachsen mit Dresden als Hauptstadt. Bei den Landtagswahlen wird die CDU unter Kurt Biedenkopf stärkste Partei.

1993 Die Frauenkirche wird dank vieler Spenden der Dresdner und aus aller Welt aus ihren Trümmern wieder erstehen.

Der Neumarkt mit der Frauenkirche auf einem Gemälde von Canaletto (1721–80)

1995	Einweihung des neuen Glockenspiels im Zwinger. Das Taschenbergpalais ist als Hotel wieder aufgebaut.
2001	Einweihung der neu erichteten Dresdner Synagoge.
2002	Eröffnung der »Gläsernen Manufaktur« der Volkswagen AG am Straßburger Platz. Durch die Überschwemmung von Elbe und Weißeritz kommt es im August zu einer verheerenden Flutkatastrophe in der Innenstadt. Die meisten der Kunstgüter sind von Helfern vor dem Wasser gerettet worden.
2004	Das Grüne Gewölbe kehrt an seinen Ursprungsort, das rekonstruierte Residenzschloss, zurück.
2005	Am 30. Oktober wird die wieder aufgebaute Frauenkirche feierlich geweiht.
2007	Der für Mitte August geplante Baubeginn der umstrittenen Waldschlösschenbrücke wurde vom Dresdner Verwaltungsgericht aufgrund eines Eilantrags dreier Naturschutzverbände vorerst gestoppt. Die UNESCO droht mit der Aberkennung von Dresdens Kulturerbe-Status.
2008	Helma Orosz wird als erste Frau zur Oberbürgermeisterin gewählt.
2009	Dresdens Elbtal verliert wegen des Brückenbaus den UNESCO-Welterbestatus. ❖

Stadttour

Ein Rundgang durch Dresdens Alt- und Neustadt

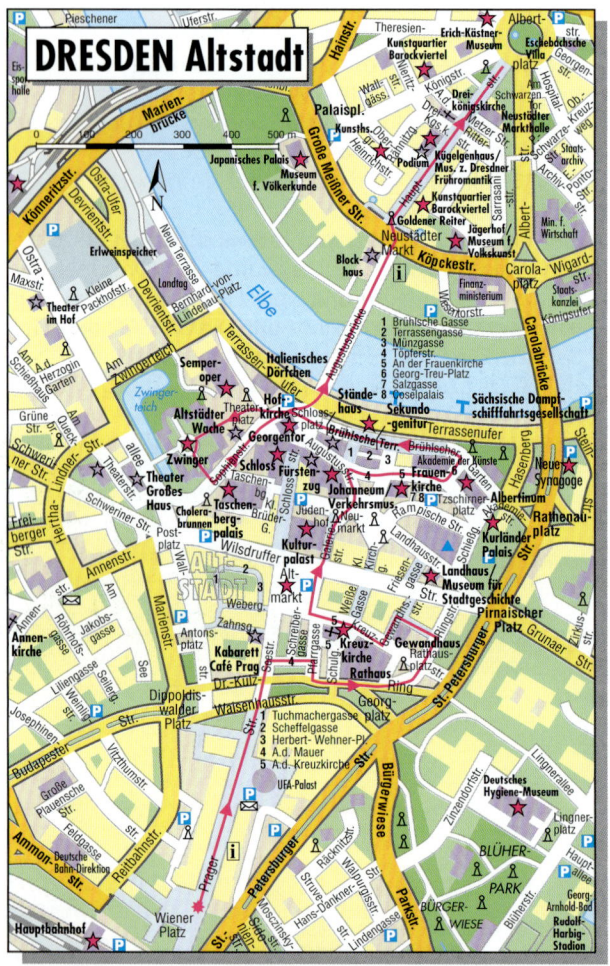

Vormittag
Prager Straße – Neues Rathaus – Gewandhaus – Altmarkt – Kreuzkirche – Neumarkt – Frauenkirche – Albertinum – Brühlsche Terrasse.

Mittagspause im Bistro de Saxe, ℂ 864 28 30, oder Bierhaus Dampfschiff, ℂ 864 28 26, beide im Hotel Hilton, An der Frauenkirche 5, tägl. 11–24 Uhr.

Nachmittag
Theaterplatz – Semperoper – Zwinger – Schloss – Fürstenzug – Katholische Hofkirche – Augustusbrücke – Hauptstraße (Kügelgenhaus) – Albertplatz.

Wer nach deren Wiederaufbau durch die **Prager Straße** lief, mochte kaum glauben, dass diese zugige, öde Straße einst in einem Atemzug mit Berlins Kurfürstendamm und den Champs-Élysées von Paris genannt wurde. Heute, nach Umbau und Verdichtung, zeigt sie sich schon sehr viel angenehmer und von menschlichen, überschaubaren Maßen.

1851 wurde die Prager Straße angelegt, mit ihren Geschäften, Restaurants und Hotels gehörte sie zu den elegantesten Einkaufsstraßen Europas. Der Bombenangriff von 1945 hinterließ ein riesiges Trümmerfeld. Erst in den 1960er- und 1970er-Jahren wurde das Gelände als Fußgängerzone gestaltet. Das sozialistische Kastenparadies bleibt zur Erinnerung an die monströse Geschmacklosigkeit einer Ideologie teilweise erhalten, ist aber mit neuen Glasfronten im monotonen Plattenbau-Allerlei, Läden und Cafés aufgewertet worden.

Dresden von seiner schönsten Seite: die Brühlsche Terrasse

Ein wenig zurückgesetzt, an der St. Petersburger Straße, prunkt Deutschlands eigenwilligstes Kino, entworfen vom Wiener Architektenteam Coop Himmelb(l)au. Der **Ufa-Kristall-Palast** ist ein skurriles Gebilde mit einem scheinbar kippenden Zylinderbau, der 4550 Plätze hat. Das Stahl-Glas-Gewirr wirkt wie ein schief geschliffener Diamant, zusammengehalten durch Stahlseile, zwei tragende Türme und filigrane Sprossen. Zitiert wird mit diesem Bau der Londoner Kristall-Palast von 1851. Er soll an diesem exponierten Ort die Wirren der Geschichte versinnbildlichen und in die Zukunft weisen.

◁ *Attraktion in der Vorweihnachtszeit: der Striezelmarkt auf dem Altmarkt mit der Kreuzkirche und dem Rathausturm dahinter*

Über die Waisenhausstraße und den Dr.-Külz-Ring gelangt man rechter Hand zum **Neuen Rathaus**. Auf seinem 98 Meter hohen **Turm** gießt eine herkulische Figur das Füllhorn über Dresden aus: Der vergoldete **Rathausmann** ist eines der bekanntesten Wahrzeichen der Elbmetropole. Nach seiner Sanierung kann man wieder mit dem Fahrstuhl bis zur Höhe von 68 Metern hinauf fahren (tägl. 10–18 Uhr). Bei gutem Wetter öffnet sich die Sicht bis zu den Bergen der Sächsischen Schweiz.

Ein paar Schritte weiter zeigt sich das **Gewandhaus** im Stil des Übergangs vom Spätbarock zum Frühklassizismus. Vor dem Krieg residierte hier die Stadtbank. 1945 brannte der Bau aus, und im Zuge des Wiederaufbaus wurde das Gebäude zu einem Hotel.

Auf dem **Altmarkt** befinden wir uns mitten im historischen Zentrum der Stadt. Neben seiner Handelsfunktion diente der Platz über das Mittelalter hinaus als Schauplatz für Feste und Turniere. Heute ist er umrahmt von Häusern im historisierenden Stil. Sie wurden in den 1950er-Jahren errichtet und sind an die Gestaltungsform des Dresdner Barock angelehnt. Die Südseite des Platzes wird seit 1998 durch neue Bauten geschlossen. Bemerkenswert ist der Umbau von Häusern hinter der nicht umgebauten Westseite im Quartierhof zu einem eleganten Passagenviertel namens Altmarkt-Galerie. Hier wird ein vielfältiges Konsumangebot in einer Mischung aus Weltstadtflair und Lokalkolorit präsentiert, und das mitten im Herzen der Stadt.

Das bekannteste, wieder aufgebaute Gebäude am Altmarkt ist die **Kreuzkirche**, der älteste Versammlungsort der Christen innerhalb der Stadtmauern und ein Hort protestantisch-aufklärerischer Tradition sowie geistiger Emanzipation. 1955, zehn Jahre nach ihrer Zerstörung, gab der weltberühmte Kreuzchor in der erneut aufgebauten Kirche erstmals wieder ein Konzert. Vom Turm des Gotteshauses kann man einen ersten Überblick über Dresden gewinnen.

Es geht weiter Richtung Neumarkt. Die Wilsdruffer Straße, Verkehrsader und Einkaufsallee, war zu DDR-Zeiten als Ernst-Thälmann-Straße für Aufmärsche und Paraden vorgesehen. Nördlich des Altmarkts dominiert der in den 1960er-Jahren entstandene **Kulturpalast** das Straßenbild, der umgebaut wird und eine neue Glasfront erhält. Das **Landhaus**, am anderen Ende der Wilsdruffer Straße, ist das einzige historische Gebäude des alten Straßenzuges und beherbergt heute das **Museum für Stadtgeschichte**.

Der **Neumarkt** wurde auf einer alten slawischen Siedlungsstätte angelegt und war bis zur Feuersbrunst 1945 das »Filetstück« der Stadt. Die Bombenladungen der englischen und amerikanischen Fliegerverbände vernichteten einmalige Barock-

Die imposante Frauenkirche wurde im Oktober 2005 wieder geweiht

und Rokokobauten sowie Bürgerhäuser. Wieder aufgebaut wurde das **Johanneum**, in dem das **Verkehrsmuseum** untergebracht ist.

Das Jahr 2006 ging als jenes in die Geschichte ein, in dem das barocke Zentrum in alter Pracht wieder auferstand. Zum ersten Mal hat sich damit eine deutsche Stadt durch Wiederaufbau und Rekonstruktion seine ursprüngliche Mitte zurückgeholt. Optisch beherrscht wird der Neumarkt von der **Frauenkirche**, deren 95 Meter hohe Kuppel wieder gemeinsam mit den Türmen von Hofkirche, Schloss und Rathaus das Stadtbild am linken Elbufer ziert. Das Projekt kostete mehr als 200 Millionen Euro und wurde größtenteils durch Spenden aus ganz Deutschland und dem Ausland gedeckt – eine beispiellose Aktion, die einen identitätsstiftenden Bau zurückholen konnte. Keines der Sandstein-Elemente, die von dem alten Bau übrig blieben, gleicht dem anderen: Mal sind es unscheinbare Einzelteile, mal ganze Architekturstücke. Die neue Frauenkirche besteht zu 45 Prozent aus originalen Bauteilen.

Das Altar-Relief wurde in mühevoller Arbeit aus geborgenen Fragmenten wieder zusammengesetzt. Bildhauer ergänzten fehlende Stellen. Das Alabaster-Relief zeigt unter anderem Moses, Aaron, Paulus, Philippus und den am Ölberg knienden Jesus.

Das ganze Quartier wurde im alten Stil wieder aufgebaut. Mit Pflasterstraßen, die sich zu knapp fünf Meter schmalen Altstadtgassen verengen. Die

Das Verkehrsmuseum, eines der meistbesuchten Museen in Dresden und untergebracht im Johanneum

Johanneum

Frauenkirche

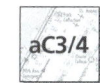

»1756 Dresden« im Panometer

Im umgebauten historischen Gasspeicher, 105 Meter lang und 27 Meter hoch, erlebt der Besucher eine Zeitreise in die Barockstadt von 1756. Das monumentale 360°-Panorama des persischen, in Berlin lebenden Künstlers Yadegar Asisi zeigt Dresden in der Pracht von damals. Auf einer zwölf Meter hohen Plattform in der Mitte des aufgespannten Rundbildes bewegt sich der Besucher durch die Residenzstadt und hat zugleich den Ausblick über sie hinaus in die Hügellandschaft. »1756 Dresden« ist die erste, historisch weitgehend fundierte Gesamtansicht Dresdens, zusammengesetzt wie ein Puzzle aus alten Stadtplänen und anderen Dokumenten. Asisi fordert damit die Dresdner und ihre Besucher auf, über die Baugeschichte der Stadt in einen konstruktiven Dialog zu treten. Eine Rahmenausstellung, gestaltet wie ein Spaziergang durch die Elbstadt, führt vorbei an originalen Elementen des barocken Dresden. So werden die Stahlanker der Frauenkirche gezeigt, die ihre Konstruktion zusammenhielten, oder Fassadenfragmente. Wie durch eine Zeitschleuse werden Besucher im Panometer in eine versunkene Welt versetzt.
(Asisi Panometer Dresden, Gasanstaltstr. 8, S-Bahn S1, S2: Dresden-Reick, Straßenbahn 1, 2: Liebstädter Straße, ✆ (03 51) 860 39 40, www.asisi.de, Di–Fr 9–19, Sa/So/Fei 10–20 Uhr, Eintritt €9/7)

Bedeutende Maler und Bildhauer lernten und lehrten an der Dresdner Kunstakademie

Parzellen der Häuser sind zwar größer bemessen als früher und hinter den Kulissen kommt moderner Betonfertigteilbau zum Zuge, aber bei Leitbauten wurde mit geborgenen Steinen, Fassaden und historischen Schmuckelementen gearbeitet. Auch das im April entstandene Hotel de Saxe variiert ein historisches Grundmuster. An seine Seite schmiegt sich wie einst die rekonstruierte Salomonis-Apotheke, die ihrerseits von gut proportionierten Neubauten flankiert wird.

Hinter der Frauenkirche erhebt sich der von Constantin Lipsius entworfene Baukomplex der **Hochschule für Bildende Künste** (1891–94) und des früheren Sächsischen Kunstvereins, dessen Kuppel im Volksmund liebevoll-spöttisch »Zitronenpresse« genannt wird. In der Akademie wurden berühmte Bildhauer, Maler und Baukünstler ausgebildet, deren Schaffen als Dresdner Schule in die Kunstgeschichte einging. Nach der Sanierung gehört die leuchtende Transparenz der kuriosen, von der geflügelten Göttin Fama gekrönten Kuppel wieder zur Silhouette des Elbufers. Und wieder streben Lehrende und Lernende in diesem, einem der großzügigsten Studienpaläste des Landes, nach Idealen. Die Atelierdecken sind so hoch, dass ein Kran bedient werden muss, um eine Glühlampe auszuwechseln.

Weitere Superlative der Kunst sind das **Münzkabinett**, die **Gemäldegalerie Neue Meister** sowie die **Skulpturensammlung**. Alle drei waren bisher im Albertinum untergebracht, erhalten aber wegen dessen Renovierung neue Standorte (vgl. S. 34). Eine Treppe führt – vorbei am Denkmal Gottfried Sempers – hinauf zum **Brühlschen Garten** und der **Brühlschen Terrasse**, dem »Balkon Europas« (Goethe). Von hier öffnet sich der Blick auf das rechte Elbufer und das Brückenpanorama. Graf Heinrich von Brühl, der Generaldirektor der Kunstsammlungen im 18. Jahrhundert, ließ um 1738 Terrasse und

---

Der Verlust des Weltkulturerbes

Das Elbtal ist eine von Dresdens Kostbarkeiten, 2004 wurde es von der UNESCO in die Weltkulturerbeliste aufgenommen. Als dann ausgerechnet zur 800-Jahr-Feier 2006 bekannt wurde, dass eine futuristische Brücke über das Elbtal hinweg gebaut werden sollte und damit eine Jahrhunderte alte, berühmte Ansicht ein für alle Mal zerstört werden würde, spaltete der Protest die Dresdner in zwei Lager. Eine Volksbefragung 2005 ergab, dass etwas mehr als die Hälfte der Bürger für die Ausführung des Projekts war. Der Tunnel als Alternative konnte sich nicht durchsetzen. Das Dresdner Regierungspräsidium ordnete Mitte 2006 den Brückenbau an. Die Gegner riefen das Verwaltungsgericht an, das den Baubeginn stoppte. Im März 2007 fiel die endgültige Entscheidung: Die Brücke wird gebaut.

Die UNESCO reagierte erst zögerlich, nahm Gesprächskontakt auf und kündigte für den Fall des Brückenbaus den Verlust des Welterbestatus an. Daraufhin kam es unter Brückenfürsprechern zu Trotzreaktionen, die Fronten verhärteten sich. Im Juni 2009 zog die UNESCO auf ihrer Jahrestagung die Konsequenzen und nahm das Dresdner Elbtal von der Liste. Das löste in Sachsens Hauptstadt Erschütterung aus.

Wall in einen privaten Lustgarten verwandeln, der 1814 für die Öffentlichkeit freigegeben wurde.

Die im gleichen Jahr entstandene Freitreppe auf der westlichen Seite führt hinunter zum **Schloss- und Theaterplatz**, dem Zentrum des »höfischen« Dresdens. Hier stehen jene Bauten, die Dresdens Ruhm als Elb-Florenz begründeten: Zwinger, Schloss und Hofkirche sowie Semperoper und Gemäldegalerie. Das Beste ist der Blick auf das geschwungene Elbtal, dieses grandiose Panorama, das einzige, was von Dresdens historischer Schönheit unverfälscht erhalten geblieben ist. Dresden ist die einzige Großstadt Europas, deren Flussauen naturbelassen bis ans Zentrum heranreichen. Die Hügel des Elbtals verlängern den malerischen Grundriss der Landschaft ins Dreidimensionale. Sie markieren den Dreiklang von Geschichte, Kunst und Natur.

Die Wiedereröffnung der **Semperoper** fand am 13. Februar 1985 statt. Rekonstruktion und Restaurierung des Neorenaissancebaus gelten als mustergültig. Das Gebäude mit der perfekt abgerundeten Front ist durch moderne Anbauten auf der Rückseite erweitert worden. Viele Künstler be-

In alter Schönheit wieder er- standen: der Theaterplatz mit der Semperoper und dem Standbild König Johanns

haupten, die Akustik der Semperoper sei besser als die der Mailänder Scala.

Durch das Tor der **Sempergalerie**, in der sich die Gemäldegalerie »Alte Meister« befindet, gelangt man zu einem der originellsten Meisterwerke des Barock, dem **Zwinger**. Der Bau der Anlage von 1709–32 war für August den Starken Chefsache, der Architekt Matthäus Daniel Pöppelmann und der Bildhauer Balthasar Permoser waren ihm für jede Anweisung Rechenschaft schuldig. Der große Festplatz in der Mitte ist von Galerien und Pavillons gesäumt.

aC2/3

Rechts geht es zum Wallpavillon, von dem aus eine Treppe zum »versteckten« Nymphenbad führt. Über die Bogengalerie gelangt man zum Mathematisch-Physikalischen Salon. Das Kronentor in der Mitte der Langgalerie war der frühere Haupteingang zum Zwinger. Zur Stadtseite hin präsentiert sich der Zwinger mit Bogengalerien und dem Glockenspielpavillon.

Seit April 1995 kann der Besucher wieder das berühmte, zweitgrößte **Glockenspiel** Deutschlands vernehmen. 16 der 40 Glocken aus edelstem Meiß-

*Ein Besucher-
magnet sind
die Dresdner
Musikfest-
spiele*

*Zum
barocken
Dresden
gehört der
weltberühm-
te Zwinger
von Pöppel-
mann und
Permoser*

ner Porzellan mussten neu gefertigt werden. Wer Interesse an weiteren »Porzellangeschichten« hat, für den ist der Besuch der **Porzellansammlung** im Zwinger ein Muss.

Durch das Tor im Glockenspielpavillon gelangt man auf die Sophienstraße. Das Dresdner **Residenzschloss** hinter dem rekonstruierten **Taschenbergpalais**, einem Luxushotel, wurde im Bombeninferno fast dem Erdboden gleich gemacht, 1986 begann der Wiederaufbau und schreitet seitdem zügig voran. Drei Flügel des Schlosses sind bereits restauriert.

Seit 2009 dient der Kleine Schlosshof an der Schlossstraße als Hauptfoyer zu den Museen der Staatlichen Kunstsammlungen. Der Hof wurde von den Architekten Kulka und Stamborski mit einer freitragenden Stabwerkskuppel überspannt. Die transparente, zweifach gekrümmte Stabgitterschale wiegt 84 Tonnen und besteht aus 265 pneumatischen Kissen in einem witterungsbeständigen Kunststoff, die unter Extrembedingungen in der Wüste von Arizona getestet wurden. Die Kosten für die Kuppel, deren Rautenstruktur ein wiederkehrendes Motiv der Renaissancearchitektur aufnimmt, lagen bei 7,5 Millionen Euro.

Das **Grüne Gewölbe**, die reichhaltigste Schatzkammer Europas, kehrte ebenfalls zurück an seinen ursprünglichen Ort im Schloss. Mehr als 40 Jahre war die legendäre Sammlung provisorisch im Albertinum untergebracht. Der Besucher stellt erstaunt fest: Es gibt fast nichts, was frühere Generationen, die es sich leisten konnten, nicht mit Edelsteinen verzieren ließen. Allein im Kaffee- und Teegeschirr mit dazugehörigem Schaupodest stecken 5600 Diamanten. Zeitgenössische Bewunderer Augusts waren des Lobes voll: »Womit das grüne Zimmer pranget, sieht sich das Auge völlig satt, daß es nichts mehr zu sehen verlanget«.

Detail des Residenzschlosses

Die Sammlung ist heute aufgeteilt in das **Neue** und das **Historische Grüne Gewölbe**. 2009/2010 sind die **Türckische Cammer**, mit der die Faszination des Orients ins Schloss einzog, und die **Rüstkammer** hinzugekommen. Letztere enthält eine einzigartige Sammlung an europäischen und orientalischen Waffen, Reitzeugen, höfischen Kostümen und Fürstenbildnisse. Zudem Harnische für Mann und Ross, die früher Memorial- und Sammelobjekte der Fürsten waren und zur Ausstattung von Ritterspielen, höfischen Festen und zur Jagd benötigt wurden. Kurfürst August hat die Rüstungen der Renaissance mit Leidenschaft gesammelt, viele sind auch Geschenkgaben an den Dresdner Hof.

aC2/3

Auch der 101 Meter hohe **Hausmannsturm** ist seit 1991 wieder zugänglich. Von seiner Aussichtsplattform zeigt sich die ganze Pracht des mit Augenmaß angelegten Theaterplatzes. Im Großen Schlosshof, erst seit 2009 wieder zugänglich, ist das Stilpotpourri aus Renaissance, Barock und Rokoko zu bewundern, herausragend sind die wiederhergestellten Sgraffito an den Fassaden.

Zwischen dem Georgenbau des Schlosses und dem Johanneum befindet sich der **Lange Gang**. An seiner Außenseite in der Augustusstraße prangt

aC3

*Der Fürsten-
zug vereint
alle Herr-
scher des
Hauses
Wettin*

ein 102 Meter langes Wandbild: der **Fürstenzug**. Das Bild zeigt sämtliche Herrscher des Hauses Wettin in einem Reiterzug, gefolgt von Vertretern aus Kunst und Wissenschaft zu Fuß. Von 93 Personen sind 35 Markgrafen, Herzöge, Kurfürsten und Könige. Der prominenteste unter ihnen, August der Starke, konvertierte 1697, drei Jahre nach seinem Regierungsantritt, zum katholischen Glauben, um König von Polen werden zu können.

Unter seiner Herrschaft entwickelte sich Dresden zu einer herausragenden Kunst- und Kulturmetropole. Davon profitiert die Stadt bis heute.

Mit seinen kulturellen Attraktionen – allein 13 000 Kulturdenkmäler sind gelistet – macht der Wirtschaftsraum Dresden einen jährlichen Umsatz von etwa 350 Millionen Euro, andere Schätzungen reichen bis zu 500 Millionen Euro. Das Hotel- und Gastronomiegewerbe sowie die Dienstleistungsbranche haben den großen Vorteil, dass Dresden eine Stadt ist, in der schon Canaletto ansässig war, die zum Elb-Florenz auserkoren wurde und die eine Fülle kultureller Institutionen besitzt, die weltweit bekannt und berühmt sind.

Um den katholischen Glauben im protestantischen Sachsen praktizieren zu können, wurde unter Friedrich August II., dem Sohn Augusts, eine neue Hofkirche gebaut. Die Kathedrale St. Trinitatis, die **Hofkirche**, entstand 1738–55 und gilt als

aC3

letzte Hochleistung des italienischen Barock in Europa. Der Prachtbau verschlang seinerzeit die unglaubliche Summe von einer Million Goldtaler und hat wegen seines Fassadenschmucks mit Heiligenfiguren Architekturgeschichte geschrieben.

August der Starke als Goldener Reiter auf dem Neustädter Markt

Wir verlassen die Altstadt über die **Augustusbrücke**, die W. Kreis in ihrer heutigen Gestalt 1906–10 erbaute. Doch die Elbüberquerung ist eine der ältesten Brücken nördlich der Alpen, sie wurde mehrfach zerstört und wiederaufgebaut. Sie führt auf den **Neustädter Markt** mit dem markanten Standbild des **Goldenen Reiters**, einer Darstellung Augusts des Starken, das im Juni 2003 nach seiner Restaurierung wieder aufgestellt wurde. Der legendäre Kurfürst schuf auf dem heutigen Gebiet der Inneren Neustadt nach dem Brand von 1685 eine barocke Stadtanlage, deren drei Hauptachsen – Haupt-, König- und Albertstraße – noch heute zu erkennen sind. Leider überstanden nur wenige historische Bauten die Bombennächte im Februar 1945. Sehenswert ist das **Kügelgenhaus** in der Hauptstraße 13, wo sich Anfang des 19. Jahrhunderts berühmte Persönlichkeiten der Romantik trafen. Heute erinnert das Museum zur Dresdner Frühromantik an diese Zeit.

aB3/4

aA/aB4

Die Hauptstraße führt vorbei an der Dreikönigskirche, deren Mansardendach nach dem Wiederaufbau ziegelrot leuchtet, zum **Albertplatz** mit dem originalgetreu rekonstruierten Artesischen Brunnen. Hinter ihm lädt die **Äußere Neustadt** zu einer Entdeckungstour ins »Szeneviertel« mit interessanten Kneipen ein. Alternativ bietet sich der Rückweg durch die Königstraße zum Japanischen Palais an. Dabei wird deutlich, dass »Altendresden«, wie die Neustadt einst hieß, Ende des 17. Jahrhunderts einheitlich im Barockstil angelegt worden war. Im Volksmund wird die Gegend bis heute »Goldstaubviertel« genannt wegen der vielen prunkvollen Häuser, die bereits zum größten Teil saniert sind.

aA4

H–K
6–9

Gläserne
Manufaktur

G/H7

*Mit dem
Boot über
den Carola-
see im Gro-
ßen Garten*

Wen es ins Grüne lockt, der sollte sich am Albertplatz in die Straßenbahn setzen (Linie 11 bis Rothen-
burger Straße, dann mit der Linie 13 bis Straßburger
Platz) und zu einer grünen Oase mitten im Stadtgebiet fahren: dem **Großen Garten**, der ausge-
dehntesten barocken Gartenanlage einer europäischen Großstadt. Wo unter August dem Starken
der Hof rauschende Feste feierte, steht im Kreu-
zungspunkt schnurgerader Alleen das barocke
Palais.

Der säulengeschmückte Bau wendet jeder Him-
melsrichtung eine Schaufassade zu. Er ist ein Mus-
terbau, mit dem einst der Aufbruch in eine neue
Kulturepoche begann. Obwohl das Äußere und
einige Räume bereits wieder hergestellt sind,
ist über die Nutzung des Palais noch nicht endgül-
tig entschieden worden. Während der Freistaat
Sachsen die Unterbringung der archäologischen
Sammlung favorisiert, haben Musiker und Musik-
freunde einen Förderverein gegründet, der sich
für den Ausbau als »Stätte Dresdner Festkultur« ein-
setzt.

Wo es schon im 19. Jahr-
hundert Ausstellungspa-
villons gab, steht hier – auf
dem Messegelände am
Großen Garten – die **Gläserne Manufaktur**, eine
Autofabrik mitten in der
Stadt. Das Gebäude hat
keine Ähnlichkeit mit
einer gewöhnlichen Fa-
brik. Glas und Stahl sind
die dominierenden Bau-
materialien. Auf einer
Fläche von 150 mal 150
Metern erhebt sich ein 22
Meter hohes Fertigungs-
gebäude, das bis knapp
über die Baumsilhouette
des Großen Gartens
reicht. In dem Gebäude
wird den Besuchern vor-
geführt, wie Autos inner-
halb von zwei, drei Tagen
entstehen. ✳

Wo Engel im Sand spielten – die Sächsische Schweiz

bD–bE
6–9

Heinrich von Kleist fasste 1801 seine Eindrücke in poetische Worte: »Ich sehe die Elbhöhen (…) und die Felsen im Hintergrund, die wie ein bewegtes Meer von Erde aussehen und in den schönsten Linien geformt sind, als hätten da die Engel im Sande gespielt.« Aber nicht nur der Schriftsteller Kleist ergötzte sich an dem Sandstein-Felsengebirge. Andere Künstler wie die Maler Adrian Ludwig Richter und Caspar David Friedrich fanden hier die Motive für ihre Gemälde.

Die **Sächsische Schweiz** erstreckt sich von Pirna an auf beiden Seiten der Elbe bis zur tschechischen Grenze. Die von Cañons ausgefurchte Landschaft gehört zu den reizvollsten Gebieten Deutschlands. Das **Elbsandsteingebirge** entstand in der Kreidezeit, etwa 140 Millionen Jahre v. Chr., als ein Meer große Teile Mitteleuropas bedeckte.

Die etwas hochtrabende Bezeichnung »Sächsische Schweiz« geht nicht auf den Eigendünkel der Sachsen zurück, sondern ist einem aus Heimatsehnsucht geborenen Vergleich entsprossen. Die Schweizer Künstler Adrian Zingg und Anton Graff kamen um 1780 als Lehrer an die Dresdner Kunstakademie und bereisten begeistert das südlich der Stadt gelegene Gebirge. In den zerrissenen Felsformationen fanden sie ihre Heimat wieder und tauften die bizarre Felsanhäufung »Sächsische Schweiz«.

Das 368 Quadratkilometer große Elbsandsteingebirge liegt nur eine knappe Autostunde von Dresden entfernt und eignet sich bestens für einen Familienausflug. Die Spuren alter Kuranlagen und reicher Landhäuser an den Uferhängen der Elbe zeugen davon, dass die Region schon früher ein Wochenend-Eldorado für die Bewohner der Residenzstadt war. Bereits in den 1930er-Jahren wagten sich kühne Kletterer an die senkrechten Felswände. Die Extremkletterei, das Free-Climbing, nahm hier ihren Anfang.

Wenig erfolgversprechend ist es, heute nach einem Service Ausschau zu halten, den Adlige und wohlhabende Bürger früher in Anspruch nahmen: Sie ließen sich durch die Bergwelt in Sänften tragen, wobei ihnen der »Schweizführer« die Gesteinsformationen mit ihren emporragenden Felstürmen, die wuchtigen Tafelberge und die tiefeingeschnittenen Täler erläuterte.

◁ In der Kreidezeit entstanden und bei Extrem-Kletterern beliebt: das Elbsandsteingebirge

Bei der Planung der Reiseroute durch die Sächsische Schweiz kann man sich aber bis heute an die von Karl Baedeker empfohlenen Etappen halten. 1861 schrieb der Verleger und Reisebuchautor: »Zwei Tage sind mindestens erforderlich, um die Sächsische Schweiz kennen zu lernen. Am ersten Tage von Dresden mit der Eisenbahn über Pirna nach Plötzscha, übersetzen nach Wehlen, dann zu Fuß durch den Wehlener und Zschärnegrund nach der Bastei, durch den Amselgrund nach Hohnstein, über den Brand nach Schandau. Am zweiten Tag zu Wagen nach der Haidmühle, zu Fuß nach dem Kuhstall, Großer Winterberg, Prebischtor (heute Tschechien), mit Dampfboot nach Königstein, die Festung besteigen, dann auf der Eisenbahn nach Dresden zurück.«

Wer weder Zeit noch Muße hat, um in der Sächsischen Schweiz zu wandern, kann sich mit einer Fahrt auf einem der gemütlichen Dampfer von Dresden nach Bad Schandau und zurück einen überwältigenden Eindruck von der bizarren Felslandschaft verschaffen.

Anreise: Autofahrer nehmen die B 172 in Richtung Pirna. Vom Hauptbahnhof fahren tagsüber halbstündlich Züge in Richtung Sächsische Schweiz (Information ✆ 11861), den Wasserweg bedient die Sächsische Dampfschiffahrts GmbH (Information ✆ 03 51-86 60 90, vgl. S. 84). Der Tourismusverband Sächsische Schweiz (✆ 03 50 22-49 30, www.saechsische-schweiz.de) bietet ebenfalls Ausflüge an.

Schloss Moritzburg

Kurfürst Moritz ließ 14 Kilometer nordwestlich von Dresden 1542–46 ein **Jagdschloss** errichten. Die spätbarocke Umgestaltung erfolgte 1723–33 unter August dem Starken durch seine Hofarchitekten Pöppelmann und Knöffel. Einbezogen

bA3

wurde schon damals eine »Tiefgarage«: Die vorfahrenden Kutschen wurden mitsamt den Pferden im Sockel des Baus abgestellt, solange sich die Herrschaften in den prachtvollen Sälen und Gemächern vergnügten. Heute ist das eindrucksvolle Wasserschloss in dem etwa 40 Hektar großen Park mit Wildgehege und Teichen eines der attraktivsten Ausflugsziele in der näheren Umgebung Dresdens.

Seit mehr als zehn Jahren findet in der ersten Augusthälfte jeden Jahres das **Moritzburg Festival**, eines der führenden europäischen Kammermusikfestivals, statt. Eine Woche lang arbeiten 20 etablierte und Nachwuchskünstler aus aller Welt an Werken der Kammermusik, die sie anschließend in Konzerten im Schloss und in der Kirche Moritzburg darbieten (Infos unter ✆ 03 51-810 54 95, www. moritzburgfestival.de).

Das **Fasanenschlösschen** im Park ist ein architekturhistorisches Kleinod – es holt die stilistische Formensprache Chinas nach Sachsen. Lohnenswert ist auch der Besuch der dem Schloss gegenüberliegenden **Gaststätte Bärenhäus'l** (Markt 24, ✆ 03 52 07-897 00, tägl. 11–22 Uhr) in einem über 350 Jahre al-

Selten schöne Einheit von Natur und Architektur: Jagdschloss Moritzburg

ten Gebäude. Es diente zwar nie als Bären-Heimstatt, aber Ziegen, Kaninchen, Gänse und andere Tiere waren hier zu Hause. Das Fachwerkhaus präsentiert sich als Schmuckstück.

Info Schloss Moritzburg: 01468 Moritzburg
✆ (03 52 07) 87 30, www.schloss-moritzburg.de
April–Okt. tägl. 10–17.30, Nov.–März Di–So 10–16, Jan. nur Sa/So 10–16 Uhr (Rundgänge stündlich), Eintritt € 6,50/3,50
Anreise: Mit dem Auto von Dresden A4 Abfahrt Dresden/Wilder Mann. Mit dem Bus 326 ab Neustädter Bahnhof (ca. 40 Minuten) oder mit der S-Bahn ab Hauptbahnhof (halbstündlich) bis Radebeul-Ost, von dort mit der historischen Eisenbahn (dem »Lößnitzdackel«) bis Moritzburg (✆ 03 51-213 44 61, www.trr.de).

Schloss Pillnitz

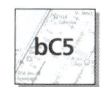

Im Mittelpunkt der einstigen Sommerresidenz des sächsischen Hofes südöstlich vom Zentrum Dresdens befinden sich das **Wasserpalais**, das spiegelbildlich zugehörige **Bergpalais** (beide sind Heim-

bC5

statt des **Kunstgewerbemuseums**) sowie das **Neue Palais**. Sie umschließen den **Lustgarten** (19. Jh.), an den sich das labyrinthische **Heckenquartier** anschließt. Im sogenannten **Englischen Garten** befindet sich eine mehr als 200 Jahre alte Kamelie, für die ein eigenes, beheizbares Glashaus gebaut wurde. Sie ist die größte und älteste nördlich der Alpen.

Der Ort **Pillnitz** ist auch attraktiv wegen seiner Weinberg-Idyllen, durch die neu angelegte Wanderwege führen. Von dort hat man eine gute Aussicht auf Dresden und bis zum Erzgebirge. In den Touristeninformationen gibt es die Broschüre »Unterwegs im Elbtal«, mit Weinbergweg-Routen.

Info Schloss Pillnitz: ℂ (03 51) 261 32 60
Park: tägl. 5 Uhr bis zur Dämmerung
Alte Wache/Besucherinfo: Tägl. außer Mo Mai–Okt. 9–18, Nov.– April 10–16 Uhr
Bergpalais/Wasserpalais: Mai–Okt. 10–18 Uhr, Winter geschl., Eintritt € 3,50/1
Anreise: Vom Postplatz mit der Straßenbahnlinie 1 bis Schillerplatz, weiter mit Bus 83 bis Pillnitz (ca. 45–50 Minuten). Mit der Straßenbahnlinie 1 Richtung Kleinzschachwitz bis zur Endhaltestelle und dann mit der Fähre übersetzen. Am stilvollsten ist die Anreise mit der »Schlösserfahrt« der Dampfschiffahrtsgesellschaft (Anfang Mai–Anfang Okt. tägl. 10, 12, 14 und 16 Uhr vom Dresdner Terrassenufer, www.saechsische-dampf schiffahrt. de), ansonsten verkehren Linienschiffe ab Terrassenufer elbaufwärts mit Halt in Pillnitz

Schloss Pillnitz – am stilvollsten reist man von Dresden aus per Raddampfer an

von Anfang Mai– Anfang Okt. tägl. 9 und 10.30, von Mai–Okt. auch 8 Uhr).

Als Kulisse für das alljährliche Elbhangfest im Juni bestens geeignet: die Anlagen von Schloss Pillnitz

Elbe-Radweg

Die wohl schönste Route des insgesamt fast 1000 Kilometer langen, Ende der 1990er-Jahre fertig gestellten Elbe-Radwanderwegs verläuft auf 190 Kilometern durch Sachsen. Am besten ist es, gegen den Strom zu fahren, also in Richtung Süden, weil dann die Landschaft immer spektakulärer wird. Wer z. B. in **Torgau** die Radtour beginnt, gelangt meist unmittelbar am Fluss entlang durch Streuobstwiesen und langgedehnte Auenlandschaften bis nach Meißen und ins romantische Dorf **Altkötzschenbroda**, das heute zu Radebeul gehört und noch seinen historischen Marktanger besitzt. Von hier an gibt es ständig Gartenlokale, die zum Verweilen einladen. Hölzerne Hinweistafeln leisten naturkundliche und kulturhistorische Nachhilfe.

In Dresden ist der Radweg am meisten frequentiert, aber bald darauf hat man **Pirna** erreicht und damit die **Sächsische Schweiz**. Die Route ist recht gut ausgebaut, es gibt am Wegesrand Pensionen, sichere Unterstellmöglichkeiten für Fahrräder, Reparatur-Sets und Basisersatzteile werden bereit gehalten. Gutes Kartenmaterial ist dennoch vonnöten.

Tipps und Faltblätter gibt es beim Tourismusverband Sächsisches Elbland, Fabrikstr. 16, 01662 Meißen, © (035 21) 763 50, Fax (035 21) 76 35 40, www.elbland.de.

Sächsische Weinstraße

In Sachsen befindet sich das kleinste aller deutschen Weinanbaugebiete, es existieren nur 350 Hektar Rebfläche. Die **Weinstraße** führt auf 55 Kilometern von Pirna über Dresden und Meißen bis Diesbar-Seußlitz durch eine Jahrhunderte alte Kulturlandschaft. Man kann sie erwandern, kann mit dem Fahrrad fahren oder sich zwischen Anfang April und Anfang November auf dem Wasserweg dorthin begeben.

Die **Schiffsreise** beginnt in dieser Zeit allmorgendlich an der Brühlschen Terrasse, geht am wunderschön unterhalb von Weinbergen gelegenen Radebeul und dem der Loreley ähnlichen

Weingut Schloss Wackerbarth in Radebeul

Spaargebirge vorbei nach Meißen. Von dort weiter entlang malerischer Weinterrassen und idyllischer Weindörfer bis zum Barockschloss von Diesbar-Seußlitz. Nachmittags fährt das Schiff wieder nach Dresden zurück. Die Sächsische Dampfschiffahrts GmbH besitzt übrigens die größte und älteste Raddampferflotte der Welt.

Mit Dixieland-Band und nostalgischem Raddampfer zum Schloss Pillnitz

Information und Buchung bei der Sächsischen Dampfschiffahrts GmbH unter ✆ (03 51) 86 60 90, www.saechsische-dampfschiffahrt.de, Abfahrt: Terrassenufer.

Angeboten werden u.a. auch »Romantische Weinwochenenden« mit zwei Übernachtungen in Mittelklassehotels entlang der Weinstraße. Im Preis ist außerdem eine Weinverkostung enthalten. Information und Buchung: Tourismusverband Sächsisches Elbland, www.saechsisches elbland. de (vgl. S. 32). ☀

5 Vista Points

Museen, Architektur und andere Sehenswürdigkeiten

aC4

Museen

Albertinum/Galerie Neue Meister/ Skulpturensammlung
Georg-Treu-Platz 1 (Brühlsche Terrasse)
℃ (03 51) 49 14 20 00
www.skd-dresden.de
Di–So 10–18 Uhr
Eintritt € 7/4,50
Seit einigen Jahren wird der Zweckbau, den sein Namensgeber König Albert als Museums- und Archivbau in Auftrag gab, renoviert. Voraussichtlich wird er 2010 wieder zugänglich sein. Die beiden großen Sammlungen des Hauses werden an anderer Stelle ausgestellt. Die **Skulpturensammlung** erhielt einen attraktiven Platz im Zwinger, die **Galerie Neue Meister** bekam eine Interimspräsentation im Semperhof/Gemäldegalerie Alte Meister.

Bei den Skulpturen handelt es sich um Werke aus mehr als fünf Jahrtausenden – Höhepunkt ist die weltbekannte Antikensammlung griechischer und römischer Skulpturen mit Vasen, Bronzen und Terrakotten.

Schwerpunkte der Gemäldesammlung Neue Meister sind Vertreter der Dresdner Romantik, Klassiker, Spätromantiker, französische Malerei, deutsche Impressionisten und Expressionisten.

Das wuchtige Gebäude des Albertinums, das die Brühlsche Terrasse nach Südosten abschließt, wird zu einer Attraktion umgebaut. Es erhält ein zweistöckiges Depot oberhalb des zweiten Stockes über dem Innenhof, geschuldet der Erfahrung der Flut 2002, als viele Werke nur noch im letzten Moment gerettet werden konnten. Das Depot mit 3000 m² Fläche wird als Stahlkonstruktion eingezogen und von den Wänden des Innenhofes durch eine Lichtfuge abgesetzt.

Der Hof, in den Tageslicht fällt, wird zum zentralen Foyer aufgewertet. Experten halten das für eine geniale Lösung, die sich der Berliner Architekt Volker Staab einfallen ließ – sie ist kostengünstig und erspart die Errichtung eines separaten Depotgebäudes. Reizvoll wird alte Bausubstanz mit neuen Bauformen kontrastieren und zugleich mehr Ausstellungsfläche zur Verfügung stehen.

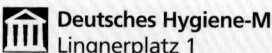

Deutsches Hygiene-Museum
Lingnerplatz 1
✆ (03 51) 48 46-400, www.dhmd.de
Di–So 10–18 Uhr, Eintritt € 6/3, Familienticket € 11
(Eintrittskarten gelten für 2 Tage), zzgl. € 1,50 für
Führungen

Syphilispusteln und eine vollautomatische Küche von
1971 – es gibt kaum ein Museum, das so viele unterschiedliche Exponate vereint wie dieses. Die Irritationen
beginnen schon beim Namen. »Man denkt zunächst ans
Händewaschen«, sagt Direktor Klaus Vogel.

Immer noch steht das berühmteste Exponat, die
»Gläserne Frau«, im Mittelpunkt – die vollkommen
transparente Darstellung eines Frauenkörpers in Le-
bensgröße samt Skelett, Gefäßen und Nervenbahnen,
die auf Knopfdruck aufleuchten. Tausende Schüler haben vor dieser Figur den Körper des eigenen oder anderen Geschlechts kennengelernt. 4–12-jährige Besucher können die Geheimnisse und Fähigkeiten der fünf
Sinne im **Kindermuseum Dresden**, einem eigenem Er-
lebnisbereich, entdecken.

1912 war das Museum unter maßgeblicher Beteili-
gung des »Odol«-Fabrikanten Karl August Lingner
eröffnet worden, das einzige deutsche Museum seiner
Art, das den Menschen als biologisch, psychisch, sozial
und kulturell vernetztes Wesen anschaulich und sinn-
lich begreifbar macht. Der heutige Bau entstand zwischen 1928 und 1930 unter Federführung von W. Kreis.

Die jetzige Dauerausstellung verfügt zwar drumherum über die interaktiven Elemente des modernen
Museumsdesigns, zeigt aber nach wie vor anschaulich
und ohne zu banalisieren das reale Leben. Wer will,
kann sich einen »Age-Simulator« aufstülpen, eine
skibrillenartige Maske, um den Verlust der Sehkraft,
etwa beim grauen Star, für einige Minuten selbst zu
erleben.

Der Themenbereich Sexualität lässt nichts aus von
dem, was der Mensch darüber wissen sollte, aber es
gibt auch Spielereien. Im Saal »Essen und Trinken«
wird auf einem Monitor der Weg der Speisen durch
den Körper gezeigt. Die Abteilung »Leben und Sterben« führt am Modell vor, wie in der Geburtsphase der
Kopf des Kindes durchs mütterliche Becken rutscht.

In einer Vitrine liegt Bertolt Brechts Verfügung zum
Umgang mit seiner Leiche. Er hatte Panik, »scheintot«
beerdigt zu werden und verlangte deshalb, dass seine
Herzschlagader geöffnet werden sollte, um den Tod
sicherzustellen.

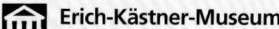

Erich-Kästner-Museum
Antonstr. 1
✆ (03 51) 804 50 86, www.erich-kaestner-museum.de
So–Di 10–18, Mi 10–20 Uhr
Eintritt € 3/2, Familienticket € 7

Raffaels »Sixtinische Madonna« ist der Anziehungspunkt bei den »Alten Meistern«

Das zum 101. Geburtstag Kästners 2000 von einem Verein eröffnete interaktive Kleinmuseum dokumentiert das Leben des Schriftstellers. Zugleich präsentiert es sich als architektonisches Kunstwerk und »Gebrauchsgegenstand«, in dem unterschiedliche Generationen spielerisch die komplexe Kästner-Welt erobern können.

Der Besucher ist eingeladen, lebensgroße Bausteine voneinander zu lösen und dadurch dem Kabarettisten mit der sprühenden Phantasie auf die Schliche zu kommen. Gezeigt werden originale Gebrauchsgegenstände aus Kästners Besitz, darunter seine Schreibmaschine, sein Hut, Fotos und Briefe.

🏛 Gemäldegalerie Alte Meister
Zwinger, Semperbau
✆ (03 51) 49 14 20 00, Di–So 10–18 Uhr, Eintritt € 7/4,50
Die 1855 erbaute Sempergalerie, nach der Kriegszerstörung flüchtig wieder hergerichtet, wurde bis 1993 grundlegend restauriert. Ein würdiges Haus für eine Sammlung, die nach Ansicht bedeutender Kunstkritiker ebenbürtig ist mit den Sammlungen von Prado und Louvre oder den Nationalgalerien in London und Washington. Die »Alten Meister« gehören weltweit zu den reichsten Sammlungen der Werke des 15.–18. Jh. und gingen aus der von Kurfürst August 1560 gegründeten Kunstkammer hervor. Superstar ist die ewig junge »Sixtinische Madonna«, um 1516 von Raffael gemalt.

🏛 Gemäldegalerie Neue Meister
Vgl. Albertinum S. 34

🏛 Grünes Gewölbe
Vgl. Residenzschloss S. 52
✆ (03 51) 49 14 20 00, www.skd-dresden.de
Neues Grünes Gewölbe, tägl. außer Di 10–18 Uhr, Eintritt € 6/3,50, Führungen Mo 11 und 16 sowie Mi 16 Uhr

Historisches Grünes Gewölbe, tägl. außer Di 10–19 Uhr, Eintritt € 10 (nicht Teil der Tageskarte, inkl. Audioguide), Einlass erfolgt nur mit Zeittickets. Die Zeittickets sind im Vorverkauf erhältlich, telefonisch ℂ (03 51) 49 14 20 00 oder online, € 11,50.

Das Grüne Gewölbe gilt als die reichhaltigste Schatzkammer Europas. »In Dresden hat man vor allen Dingen dahin zu trachten, dass man das Grüne Gewölbe zu sehen bekomme«, heißt es 1741 in Keysslers Reiseführer.

Der größte Teil der einzigartigen Preziosensammlung kam ab 1721 in die kurfürstliche Schatzkammer. August der Starke gilt als einer der ersten Museologen; als erster Fürst teilte er seine Sammlungen nach Gattungen auf und öffnete seine Schatzkammer dem Publikum. In den Wirren des 20. Jh. absolvierten die Kleinodien abenteuerliche Wege: Nach Kriegsende in die Sowjetunion verbracht, kehrten sie 1958 zurück.

Das **Neue Grüne Gewölbe** zeigt mehr als 1000 Exponate in einer raffinierten Licht- und Farbgestaltung. Die über 3000 Meisterwerke der Juwelier- und Goldschmiedekunst des **Historischen Grünen Gewölbes** werden seit 2006 wie zu augusteischen Zeiten dargeboten: ohne Vitrinen, vor prächtigen Schauwänden. Die Sicherheitstechnik ist auf dem neuesten Stand, pro Stunde werden maximal 100 Personen eingelassen.

Karl-May-Museum

Radebeul, Karl-May-Str. 5, S-Bahn Radebeul-Ost (S 1) und Straßenbahn 4 Wasastraße
ℂ (03 51) 837 30 10, www.karl-may-museum.de
März–Okt. Di–So und Feiertage 9–18, Nov.– Feb. Di–So 10–16 Uhr, Eintritt € 7/5/3

Von 1896–1912 lebte Karl May in Radebeul. Das Museum beherbergt Dokumente, Möbel und Privates aus dem Nachlass und befindet sich im ehemaligen Wohnhaus, der »Villa Shatterhand«. In der angrenzenden Blockhütte »Villa Bärenfett« kann man eine Sammlung

Pilgerstätte für Karl-May-Fans: sein als Museum eingerichtetes Wohnhaus in Radebeul

indianischer Kulturgegenstände bestaunen. Auf diesem Areal ist der Geist des Mannes lebendig, der so gern Weltenbummler gewesen wäre und zumindest, weil das in der Zeit vor dem Flugzeug als Massentransportmittel nicht möglich war, seine Phantasie reisen ließ.

Kunstgewerbemuseum
Vgl. Schloss Pillnitz, S. 30.

Kunsthaus Dresden
Rähnitzgasse 8
℡ (03 51) 804 14 56, www.kunsthausdresden.de
Di–Fr 14–19, Sa/So/Fei 12–20 Uhr, Eintritt € 3/2, Fr frei
2004 wurde den Dresdnern ein Schock versetzt. Im Kunsthaus wurde eine Ausstellung zum Thema Atomkrieg gezeigt. Dabei kam heraus, dass Walter Weidauer, während des Zweiten Weltkriegs Dresdner Oberbürgermeister, hinter vorgehaltener Hand mitgeteilt worden war, 1944 hätte es ernsthafte US-amerikanische Pläne gegeben, über der Elbestadt die Atombombe abzuwerfen, die später auf Hiroshima fiel. Damit sollte das Deutsche Reich gezwungen werden, sämtliche Kriegshandlungen einzustellen. Dresden wurde aber im Februar 1945 mit konventioneller Militärtechnik und ohne Atombombe vernichtet. Allerdings hatte der Feuersturm, eine von den Alliierten speziell entwickelte Methode, verwinkelte deutsche Innenstädte zu zerstören, fast die gleiche Wirkung.

Das Kunsthaus Dresden im schönsten Teil der Neustadt zeigt vorwiegend moderne und zeitgenössische Kunst und arbeitet intensiv mit US-amerikanischen, vor allem New Yorker Museumsinstitutionen zusammen. Damit wird in einer Stadt, die von ihren altehrwürdigen Museumsschätzen zehrt wie keine andere in Deutschland, ein Kontrastprogrammpunkt gesetzt.

Kupferstich-Kabinett
Residenzschloss, 3. Obergeschoss, Taschenberg 2, Eingang Sophienstraße
℡ (03 51) 49 14 20 00, www.skd-dresden.de
Mo–Fr 8–18, Sa/So 10–18 Uhr, Eintritt € 3/2
Mit dem Einzug des Kupferstich-Kabinetts im Sommer 2004 wurde die Dresdner Residenz zum Museumsschloss. 40 Jahre war das Kabinett im Kunstgewerbemuseum untergebracht.

Rund 510 000 Zeichnungen, Fotografien und Druckgrafiken besitzt das Kupferstich-Kabinett, eine der größten Sammlungen seiner Art weltweit. Am gleichen Ort hatte August der Starke 1560 seine Kunstkammer eingerichtet, in der er das Weltwissen seiner Zeit versammeln wollte. Das Kabinett wurde zur Keimzelle für alle weiteren Sammlungen, heute aufgeteilt in zwölf Museen. Das Kabinett besitzt einen Querschnitt kostbarer Werke aus sechs Jahrhunderten.

Dazu gehören die einzig Jan van Eyck zugeschriebene Zeichnung aus eigener Hand und die Mappe »Elles« mit Lithographien von Toulouse-Lautrec, aber auch Bilder von Rubens, Rembrandt, Munch, Kirchner und Arbeiten von zeitgenössischen Künstlern. Gleichzeitig beweist die Sammlung mit Werken aus China und Japan, bis zu 450 Jahre alt, ihre globale Ausrichtung.

 Landhaus mit Stadtmuseum und Städtischer Galerie
Wilsdruffer Str. 2, Zugang von der Landhausstraße
✆ (03 51) 65 64 80
www.stmd.de, www.galerie-dresden.de
Di–Do, Sa/So 10–18, Fr 12–20, Eintritt € 3/2
Der Architekt Friedrich August Krubsacius schuf das barocke Repräsentationsgebäude zwischen 1770–75. Es wurde im Zweiten Weltkrieg zerstört, danach wiederaufgebaut und ist seit 1965 Stadtmuseum. In den vergangenen Jahren wurde es aufwendig umgebaut und im Innern mit einer modernen Stahlkonstruktion versehen. Es beherbergt seit Herbst 2006 eine neue Dauerausstellung zur über 800-jährigen Geschichte Dresdens, die mit eindrucksvollen Zeitzeugnissen umfassend informiert. Untergebracht ist auch die aus den Museumsbeständen gewachsene Städtische Galerie.

 Leonhardi-Museum
Grundstr. 26
✆ (03 51) 268 35 13, www.leonhardi-museum.de
Di–Fr 14–18, Sa/So 10–18 Uhr
Eintritt € 3/2
Das Leonhardi-Museum, reizvoll gelegen im Löschwitzgrund nahe dem Blauen Wunder, geht auf den Stifter des Hauses und Gründer des Museums, Eduard Leonhardi (1828–1905), zurück. Der Schüler von Ludwig Richter war ein bekannter Landschaftsmaler, seine Bilder werden in einer Dauerpräsentation im Leonhardi-Atelier gezeigt. Aber davon abgesehen versteht sich das Haus als »Galerie für zeitgenössische Kunst«. Seit den 1970er-Jahren ist der zeitgenössische Kunstraum bekannt als Treffpunkt und Labor der Avantgarde, zugleich als Pflegestätte spätromantischen Schaffens. Eine Mischung, die zu Dresden passt.

 Mathematisch-Physikalischer Salon
Vgl. Zwinger, S. 57.

 Militärhistorisches Museum
Olbricht-Platz 2
✆ (03 51) 823 28 03, Di–So 9–17 Uhr, Eintritt frei
Der berühmte New Yorker Architekt Daniel Libeskind baut bis 2011 das Leitmuseum der Bundeswehr um, das in einem Kasernenbau untergebracht ist. Bis dahin ist die Sammlung nur wenige hundert Meter entfernt in

Im Museum für Volkskunst: Exponate aus der Vergangenheit Sachsens

einem Interimsgebäude am Olbricht-Platz zu sehen. Sie gewährt einen Überblick über die Militärgeschichte von 1500 bis heute. Zu den Attraktionen zählen das Riesengeschütz »Faule Magd« von 1450 und das erste deutsche U-Boot »Brandtaucher« von 1851. Auf dem Freigelände steht Großgerät von NVA und Bundeswehr.

Münzkabinett
Vgl. Residenzschloss, S. 52.

 aB4

Museum für Sächsische Volkskunst und Puppentheatersammlung im Jägerhof

Köpckestr. 1
✆ (03 51) 49 14 45 02
Di–So 10–18 Uhr, Eintritt € 3/2
Für den Gelehrten Iccander war das Gebäude im 17. Jh. eines der sieben Wunder Dresdens (erbaut 1568–1617). Der Kurfürst nutzte es als Jagdschloss, im 19. Jh. war es eine Kaserne. Als man es abzureißen begann, trat der Volkskundler Oskar Seyffert auf den Plan. Durch sein Bemühen wurde der schönste Teil, der Westflügel mit Renaissancegiebel, gerettet. 1913 begründete er darin das erste deutsche **Volkskunstmuseum** mit überwiegend sächsischen Exponaten. Neben Hausrat und Kleidung gibt es Holzschnitzereien aus dem Erzgebirge und sehr altes Spielzeug zu sehen.

Die **Puppentheatersammlung** (✆ 03 51-49 14 20 00) gehört mit mehr als 50 000 Einzelstücken aus Deutschland, Europa und Asien zu den größten ihrer Art weltweit. Sie zeigt 200 Jahre alten Marionetten, Handpuppen von Jahrmärkten und Theaterfiguren. Besonders wertvoll sind die Bestände mehrerer mechanischer Welttheater des 19. Jh. *(Theatrum mundi)*, wie sie in dieser Qualität und Vielfalt in keinem anderen europäischen Museum zu sehen sind.

 aB3

Museum für Völkerkunde/Japanisches Palais
Palaisplatz 11
✆ (03 51) 814 48 41

Tägl. außer Mo 10–18 Uhr, Eintritt € 5/3
Unter August dem Starken war das Palais – ein Glanzpunkt der Dresdner Barockarchitektur – ab 1731 ein Porzellanmuseum. Die fernöstlich geschweiften Dächer verweisen auf den »Flirt« des Königs mit den Asiaten. Heute birgt es u.a. das Museum für Völkerkunde. Vor dem Palaisgarten steht das Denkmal des ersten Sachsenkönigs Friedrich August I.

Museum zur Dresdner Frühromantik/ Kügelgenhaus

Hauptstr. 13
℅ (03 51) 804 47 60, Mi–So 10–18 Uhr, Eintritt € 3/2
Es trägt den Namen seines prominentesten Bewohners, des Malers Gerhard von Kügelgen. Zu Beginn des 19. Jh. trafen sich hier Künstler der Dresdner Frühromantik. Gemälde, Möbel und Dokumente stammen aus dieser Zeit.

Porzellansammlung
Zwinger, Glockenspielpavillon und Bogengalerie

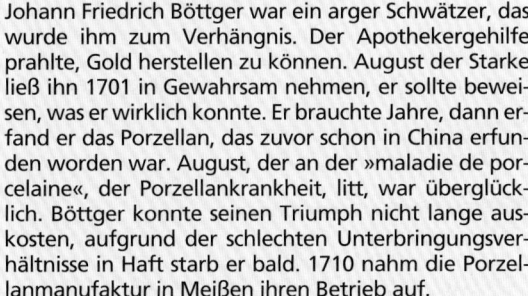

℅ (03 51) 49 19 21 00, www.skd-dresden.de
Di–So 10–18 Uhr, Eintritt € 6/3,50
Johann Friedrich Böttger war ein arger Schwätzer, das wurde ihm zum Verhängnis. Der Apothekergehilfe prahlte, Gold herstellen zu können. August der Starke ließ ihn 1701 in Gewahrsam nehmen, er sollte beweisen, was er wirklich konnte. Er brauchte Jahre, dann erfand er das Porzellan, das zuvor schon in China erfunden worden war. August, der an der »maladie de porcelaine«, der Porzellankrankheit, litt, war überglücklich. Böttger konnte seinen Triumph nicht lange auskosten, aufgrund der schlechten Unterbringungsverhältnisse in Haft starb er bald. 1710 nahm die Porzellanmanufaktur in Meißen ihren Betrieb auf.

Etwa 20 000 Porzellane werden gezeigt, darunter auch die berüchtigten »Dragonervasen«; August hatte es 1717 tatsächlich fertig gebracht, 600 Soldaten gegen 151 weißblau bemalte chinesische Deckelvasen aus dem Besitz Friedrich Wilhelms I. von Preußen zu tauschen. Der Feudalist war besessen von der Chinamode. Meissener und ostasiatische Stücke dominieren die Sammlung, aber es gibt auch den berühmten Porzellanblumenstrauß aus Vincennes, ursprünglich mit 470 Blüten geziert.

Richard-Wagner-Museum
Richard-Wagner-Str. 6, 01827 Graupa

℅ (035 01) 54 82 29
Tägl. außer Mo 10–16 Uhr, Eintritt € 2,50/1,50
Der in Leipzig geborene Wagner gelangte 1822 nach Dresden und wurde in die Kreuzschule aufgenommen. 1841 kam es in Dresden zur ersten Uraufführung eines seiner Werke, der Oper »Rienzi«. Nach seiner Berufung zum Hofkapellmeister kümmerte sich Wagner um die

Pflege der deutschen und französischen Oper. Wagner inspirierte mit seinen Gedanken zur idealen Theaterarchitektur Gottfried Semper, den Architekten der Semperoper. Nach großen Erfolgen in Dresden zog sich der Komponist ins nahe Graupa zurück. An seinem authentischen Wohnort entstand Ende der 1990er-Jahre das Wagner-Museum. Die Stadt Dresden pflegt das Werk des bedeutendsten Musikdramatikers des 19. Jh.

 Rüstkammer
Vgl. Residenzschloss, S. 52.

  Schillerhäuschen
Schillerstr. 19
℗ (03 51) 488 73 72, www.museen-dresden.de
April–Sept. Sa/So/Fei 10–17 Uhr, Eintritt frei
Zwischen 1785 und 1801 logierte Friedrich Schiller einige Male für jeweils längere Zeit im Haus der Familie des Dichters Theodor Körner und vor allem in deren Gartenhaus an der Elbe, dem heutigen Schillerhäuschen. Der »Don Carlos« ist mit Sicherheit hier entstanden, ob auch die berühmte »Ode an die Freude«, darüber wird gestritten. Auch ob er mit der Blasewitzer Wirtstochter Justine Segedin, die er in »Wallensteins Lager« als Marketenderin verewigte, eine Liebelei hatte, ist nicht gesichert, hält sich aber hartnäckig als hübsche Legende.

 Skulpturensammlung
Vgl. Albertinum, S. 34.

 Technische Sammlungen
Junghansstr. 1–3
℗ (03 51) 488 72 01, www.tsd.de
Di–Fr 9–17, Sa/So 10–18 Uhr, Eintritt € 4/3
In diesem interaktiven Museum können Besucher selbst eine Uhr basteln oder ihre innere Uhr testen und erfahren, ob sie zu den Nachteulen oder den Morgenlerchen gehören. Wechselnde Erlebnis-Ausstellungen zum Mitmachen und Mitdenken stehen neben einem lückenlosen Bestand an Foto- und Filmtechnik im Mittelpunkt. Ganzjährig kann der zur Anlage gehörende **Ernemannturm** bestiegen werden (Di–So 10–18 Uhr), um aus luftiger Höhe einen Panoramablick über die Elbstadt zu gewinnen.

 Verkehrsmuseum/Johanneum
Augustusstr. 1
℗ (03 51) 864 41 33, www.verkehrsmuseum-dresden.de
Di–So 10–17 Uhr, Eintritt € 4,50/2,50
Seinen Namen erhielt das Gebäude vom sächsischen König Johann (1801–73). Von 1586–91 war hier das Stallgebäude der Kurfürsten. Von 1722–1855 beherbergte das Haus die Bildergalerie, später das Historische Museum. 1945 baute man das im Zweiten Welt-

krieg völlig zerstörte Gebäude wieder auf. Seit 1956 befindet sich hier das Verkehrsmuseum mit historischen Eisenbahnen, Automobilen und anderen Fortbewegungsmitteln der Vergangenheit.

Architektur und andere Sehenswürdigkeiten

Altmarkt

aD3

Der mittelalterliche Platz wurde nach schweren Kriegszerstörungen in den 1950er-Jahren allmählich wieder bebaut. Der Kulturpalast an der Nordseite des Platzes wird u. a. als Konzertsaal der Dresdner Philharmonie genutzt.

Nach der Wende begann die bauliche Verdichtung des Altmarktes. Es entstanden Büro- und Kaufhäuser, teilweise mit Sandsteinfassaden, strengem Fensterraster und doppelgeschossigen Pfeilerarkaden, Rücksprüngen und zinnenartig angeordneten Mansarden, Walmdächern und memorierenden Dachaufbauten, die sich mit ihren Anklängen an das Dresdner Barock deutlich am historischen Vorbild orientieren. Hier gelangen der modernen Architektur Bauten mit individueller Note, selbst Straßen und Gassen sind neu entstanden.

»Blaues Wunder«

F12/13

Dresdens berühmteste Brücke verbindet die Stadtteile Loschwitz und Blasewitz. Die Loschwitzer Brücke ist eine technische Meisterleistung aus dem letzten Jahrzehnt des 19. Jh. und blieb im Zweiten Weltkrieg unversehrt. Das Bauwerk aus Stahl war die erste Brücke, die einen so breiten Fluss ohne Strompfeiler überspannte.

Das »Blaue Wunder« – um die Jahrhundertwende war die Brücke mit 141 Meter Spannweite eine technische Meisterleistung von Weltrang

aC3/4

Brühlsche Terrasse
Besichtigung der Kasematten unterhalb der Brühlschen Terrasse vom Georg-Treu-Platz
☎ (03 51) 438 37 03 20
Tägl. April–Okt. 10–18, Nov.–März 10–17 Uhr
Eintritt € 4/2

Sie gehörte noch im 16. Jh. zur Stadtbefestigung. Der vorspringende Ostteil und die Grünanlagen hießen damals Jungfernbastei. Die Brühlsche Terrasse verdankt ihren Namen dem Grafen Heinrich von Brühl (1700–63), einem engen Vertrauten von Kurfürst Friedrich August II. Als Generaldirektor der Kunstsammlungen, Minister des Auswärtigen Amtes und zuletzt Premierminister bekam er das Gelände vom Monarchen geschenkt und verwandelte es 1738 in einen privaten Lustgarten. Erst 1814 wurde der Brühlsche Garten zur öffentlichen Nutzung freigegeben.

Im Innern der ehemaligen Festungsmauer sind die **Kasematten** sowie ein um 1589 mit Ziegeln vermauertes **Stadttor** zu besichtigen. In den Gewölben experimentierte der »Goldmacher« und Erfinder des Meißner Porzellans, Johann Friedrich Böttger, zu Beginn des 18. Jh. in seiner Schmelzküche.

aC3/4

Frauenkirche
Neumarkt
☎ (03 51) 65 60 61 00
www.frauenkirche-dresden.de
Mo–Fr 10–12 und 13–18 Uhr, Sa/So unregelmäßig, je nach Konzerten
Kuppelbesteigung April–Okt. 10–13 und 14–18, sonst bis 16 Uhr, € 8/5, Familienkarte € 20
Besucherzentrum im Kulturpalast Dresden, Galeriestraße/Ecke Wilsdruffer Straße, Mo–Sa 9.30–18 Uhr

1726–43 nach Entwürfen von George Bähr erbaut, war die Frauenkirche einer der wichtigsten protestantischen Kirchenbauten in Deutschland. Nach ihrer Zerstörung im Zweiten Weltkrieg wurde sie ab 1993, zu einem großen Teil finanziert durch Spenden in dreistelliger Millionenhöhe aus dem In- und Ausland, wieder aufgebaut. Im Sommer 2004 kam es zu einem symbolisch hoch beladenen Akt in 80 Meter Höhe: Die kupferne Laternenhaube – 28 Tonnen schwer – mit dem strahlend goldenen Kreuz wurde unter großer Anteilnahme der Bevölkerung dem Gotteshaus wieder aufgesetzt. Am 30. Oktober 2005 konnte die vollendete Frauenkirche geweiht werden.

Der hohe, schlanke Kirchenbau prägt nun wieder die barocke Silhouette der Stadt. Ein zivilgesellschaftlicher Kraftakt, gebauter Bürgerwille, der in Europa seinesgleichen sucht. Die Dresdner erhielten damit einen wesentlichen Teil der Identität zurück, die durch die verheerende Feuersbrunst vom 13. Februar 1945 verloren gegangen war. Aber der Aufbau wurde auch nach dem Abschluss der Arbeiten an der weltweit berühmten Kirche fortgesetzt. Aufgeteilt in sechs Quadrate, entsteht rund um die Frauenkirche eine kleinteilig parzellierte Bürgerstadt – als Pendant zum höfischen Dresden – in einer Mischung aus Rekonstruktion und Nachempfindung in modernen Formen. Vorausgegangen sind umfangreiche bodenarchäologische Grabungen. Eine Stadt, die aufgrund des deutschen Faschismus beinah verloren gegangen wäre, erhält mehr und mehr ihr ursprüngliches Gesicht zurück.

Frauenkirche: Detail der Innenkuppel

Die Frauenkirche bildet ein Puzzle aus neuen und wiederverwendeten alten Steinen. Einschließlich der Ruinenteile besteht sie zu ca. 45 % aus historischem Steinmaterial. Allein 8425 alte Werksteine wurden beim Wiederaufbau integriert. Vom barocken Altar konnten bei der Enttrümmerung fast 2000 Einzelteile geborgen werden, was seine Rekonstruktion ermöglichte. Die Malereien der Innenkuppel zeigen die vier Evangelisten und die christlichen Tugenden Glaube, Liebe, Hoffnung und Barmherzigkeit. Sie wurden unter schwierigen Baustellenbedingungen von dem Dresdner Maler Christoph Wetzel ausgeführt. Auf der neuen, beeindruckend vielseitigen Orgel können Werke Bachs ebenso authentisch gespielt werden wie orgelsymphonische Werke von César Franck. Eine ganz besondere Attraktion der Frauenkirche ist der Aufstieg zur Kuppel und Aussichtsplattform in 67 Metern Höhe.

 Gläserne Manufaktur von Volkswagen
Lennéstr. 1
© 018 05-89 62 68 (Führungen erfragen)
www.glaesernemanufaktur.de
»Lesage«, Restaurant und Bar
Restaurant tägl. 12–14.30 und 18–22, Bar tägl. 8–24 Uhr, Reservierung © (03 51) 420 42 50

G/H7

Die Gläserne Manufaktur ist die modernste und transparenteste Fertigungsstätte von Autos in Europa und zugleich ein Ort der Kommunikation für Kunden von VW, Interessenten und Besucher. Ihre außergewöhnliche Architektur ist ins Zentrum der historischen Stadt eingebettet und dient als urbanes Scharnier zwischen Alt und Neu.

Die drei großen Bereiche sind die Fertigungshalle des Phaeton, der Oberklasse von VW, der Besucherbereich und die exklusive Kunden-Lounge. Der Besucher kann sämtliche Montagevorgänge im Kugelhaus verfolgen und sich weitere Informationen, multimedial aufbereitet, zu Gemüte führen.

Mit einem herkömmlichen Fabrikbetrieb hat die heutige Autoproduktion nichts mehr zu tun. Der Besucher hat eher das Gefühl, in ein Atelier zu schauen. Große Terminals mit allen Informationen über die Phaeton-Fertigung und eine virtuelle Fahrt in einem Original-Phaeton im Simulator vervollkommnen das

Erlebnis. Der Touchscreen als Car-Configurator soll weltweit der größte sein. Nirgendwo auf der Welt kann man der faszinierenden Welt von Technik und automobiler Kultur so nahe kommen. Um Staus zu vermeiden, empfiehlt das Costumer Care Center die rechtzeitige Anmeldung.

H/K
6–9

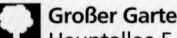

Großer Garten
Hauptallee 5
℡ (03 51) 445 66 00

Dresdens grüne Lunge ist eine der weitläufigsten innerstädtischen Parkanlagen Europas. Hier gibt es etwa 20 Säugetier- und über 100 Vogelarten, darunter seltene Insekten und Lurche sowie die vom Aussterben bedrohten Wendehälse (große Spechtvögel), große Bartfledermäuse, blauflüglige Prachtlibellen und Fischotter. Auch die Flora bietet hier, mitten im Stadtgebiet, eine bewundernswerte Vielfalt. Es sind extrem gefährdete Pflanzen wie die Tannen-Teufelsklaue, Mondraute und Schlangenwurz zu finden. Am benachbarten alten Messegelände steht die »Gläserne Manufaktur« des VW-Konzerns (vgl. oben).

Im Schnittpunkt von Haupt- und Querallee steht das barocke **Palais**, das nach seiner Restaurierung als Konzertsaal genutzt werden soll. Schon jetzt finden Führungen statt (Infos unter ℡ 03 51-31 58 10, www.palais-grosser-garten.de, vgl. S. 24).

Durch den Großen Garten verlaufen 4,6 km lange Gleise, auf denen seit über 50 Jahren mit 15 km/h die Parkeisenbahn fährt. Sie wird von Schülern betrieben und hat bereits 21 Mio. Passagiere befördert. Die Parkeisenbahn fährt in der warmen Jahreszeit alle 15 Min., manchmal auch nachts bis 24 Uhr (Fahrplan-Information ℡ 03 51-445 67 95).

aF2

Hauptbahnhof
Wiener Str. 4

1 950 Tonnen Stahl waren verbaut worden, als 1898 der kombinierte Durchgangs- und Kopfbahnhof eingeweiht wurde. Bis heute gilt er unter deutschen Bahnhofsbauten als besonders interessante Konstruktion. Nach dem Umbau durch den Sir Norman Foster steht er auch für Modernität. Der britische Stararchitekt setzte dem altehrwürdigen Gebäude ein neues weißes Membran-Dach aus äußerst reißfestem gummiartigem Gewebe auf. Es lässt je nach Sonnenintensität verschiedene Farbtöne des Tageslichts durchscheinen oder reflektiert es auf der Außenseite. Direkt über den eisernen Bögen der drei Hallen spaltet sich das zeltartige Dach zu schmalen Schlitzen, die den direkten Blick in den Himmel freigeben.

bA/bB
3/4

Hellerau (Deutsche Werkstätten Hellerau)
Besucherinformation, Am Markt 2

www.dresden-hellerau.de, www.hellerau.de
Jeden 1. So im Monat führt Clemens Galonska ab
11 Uhr 2 Std. durch das Areal, Treffpunkt an den Deutschen Werkstätten, € 6,50, im Anschluss ab 13.30 Uhr
eine 45-Min.-Führung durch das Festspielhaus, € 3.
»Hellerau ist keine beschauliche Gartenvorstadt von
Dresden. Hellerau ist ein Ort der Avantgarde«, sagt
Udo Zimmermann, Direktor des Dresdner Zentrums für
Zeitgenössische Musik. Der 1908 gegründete Stadtteil
war die erste deutsche Gartenstadtsiedlung und ent-
sprach perfekt dem englischen Vorbild. Später fanden
Veränderungen statt, denn aus der Verbindung kunst-
gewerblicher Produktion und Werkgemeinschaft er-
hoffte man sich mehr Kreativität. Das gesamte 140 ha
große Areal steht unter Denkmalschutz, im Mittelpunkt befindet sich das 1912 von Heinrich Tessenow
vollendete Festspielhaus, das mehr als 60 Jahre mili-
tärisch genutzt wurde.

Die Festspielhaus Hellerau GmbH hat sich die Wiederbelebung des Ensembles als Kulturstätte zur Auf-
gabe gemacht. In einigen Räumen finden verschiedene Klanginstallationen und Fotoausstellungen statt. In
den von Karl Schmidt 1907 gegründeten Werkstätten
entstanden Möbel- und Gebrauchsgegenstände, die
die Kunstrichtung des Bauhauses vorbereiteten.

Innenraum der 1755 vollendeten Hofkirche des römi-schen Archi-tekten Gae-tano Chiaveri

aC3

Hofkirche
Theaterplatz
www.hofkirche-dresden.de
Mo–Do 9–17, Fr 13–17, Sa 10.30–16 (Nov.–April 10.30–
17), So 12–16 Uhr

Führungen durch Kirche und Gruft: Mo–Do 11, Fr 13 und 14, So 13 Uhr

Die ehemalige Katholische Hofkirche, 1980 durch vatikanisches Dekret zur **Kathedrale Sanctissimae Trinitatis** für das Bistum Dresden-Meißen ernannt, brannte 1945 aus; der Turm blieb unversehrt. Die Restaurierung dauerte Jahrzehnte.

78 überlebensgroße Statuen umgeben den Bau. In den Grufträumen stehen 49 Sarkophage der Wettiner; in einem Gefäß auf der Konsole befindet sich das Herz Augusts des Starken, dessen Leib in Krakau beigesetzt wurde. Die Silbermannorgel überstand nur deshalb den Krieg, weil sie ausgelagert war.

 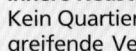

Innere Neustadt

Kein Quartier in Dresden hat seit 1990 solch tiefgreifende Veränderungen erfahren. Die Innere Neustadt rings um König-, Haupt- und Heinrichstraße sowie Rähnitzgasse beginnt gleich hinter der Augustusbrücke und hat sich zu einem Nobelviertel gemausert, das mit seinen barocken Plätzen, Gassen und Ecken gleich einem Bilderbuch der Baustile zum Bummeln und Genießen einlädt. Fast jedes Gebäude ist renoviert oder restauriert, viele sind grundlegend erneuert worden.

Die Häuser aus Barock, Klassizismus oder Biedermeier befanden sich teilweise in weit fortgeschrittenem Verfallszustand. Die Funktionäre der DDR ließen das historische Viertel bewusst verkommen, für Lücken lagen Plattenbaupläne vor. Mutige Investoren und die Denkmalpflege haben hier Maßstäbe gesetzt. Es gibt elegante Boutiquen, Wein- und Antiquitätenläden; Kanzleien, Banken und Versicherungen. Zahlreiche originelle Restaurants und Cafés sind zu finden. Mit der Rettung dieses geschichtsträchtigen Stadtteils ist eine große Bauleistung verbunden, die Dresden mehr Lebensqualität gegeben hat. Erich Kästner, der hier lebte, hätte seine Freude daran!

Kreuzkirche
Altmarkt/Kreuzstr. 7

Turmbesteigungen: Mo–Sa 10–17.30, So 12–17.30 Uhr
Eintritt € 2

Der jetzige Kirchenbau hatte am selben Standort drei Vorgänger: um 1200 die Nikolaikirche, 1235 kam eine Kreuzkapelle hinzu, in der als Reliquie ein angeblicher Splitter vom Kreuz Christi aufbewahrt wurde, deshalb der Name »Kreuzkirche«. 1491 brannte sie bis auf die Grundmauern nieder. Nach der Wiedererrichtung wurde sie im Zuge der in Sachsen einsetzenden Reformation Dresdens Pfarrkirche. 1764–92 erhielt das Gotteshaus die Gestalt, in der es sich bis heute präsentiert.

1897 vernichtete eine Feuersbrunst die gesamte Innenausstattung der mittlerweile führenden Kirche des Protestantismus in Sachsen. Bei den Rekonstruktionsarbeiten, 1900 abgeschlossen, wurde das neobarocke Innere unter starker Bezugnahme auf den modernen Jugendstil völlig umgestaltet. Bei der Wiederherstellung des Innenraumes nach 1945 wurde dieser bis ins Spartanische vereinfacht.

Kulturpalast
Schlossstr. 3

© (03 51) 486 60, www.kulturpalast-dresden.de
Tot Gesagte leben länger. Der 1967–69 nach Plänen der Architekten Wolfgang Hänsch, Herbert Löschau und Heinz Zimmermann gebaute Kulturpalast war in den Nachwende-Jahren eine ungeliebte Hinterlassenschaft aus DDR-Zeit. Manche wollten ihn abreißen, andere unbedingt erhalten, wieder andere plädierten für einen völligen Umbau zu einer Shopping-Mall mit Kulturnutzung. Dann entschied die klamme Stadtkasse – das Gebäude bleibt bestehen und wird schrittweise saniert. Nach der Fassadensanierung, bei der Balkone, Kolonnaden und umlaufende Betonbalustrade erneuert worden sind, wird das Haus für rund 5 Mill. Euro innen erneuert. Der große Saal ist vor allem die Spielstätte der Dresdner Philharmonie – mit sehr guter Akustik –, er wird aber auch für Konzerte, Gastspiele und Shows zur Verfügung gestellt. Der Gesamt - umbau wird sich mindestens bis 2014 hinziehen.

Die Ecke Wilsdruffer Straße und Galeriestraße wird völlig umgestaltet. Neben einem Begrüßungscenter

Weltberühmt und ebenso alt wie »seine« Kirche: der Kreuzchor

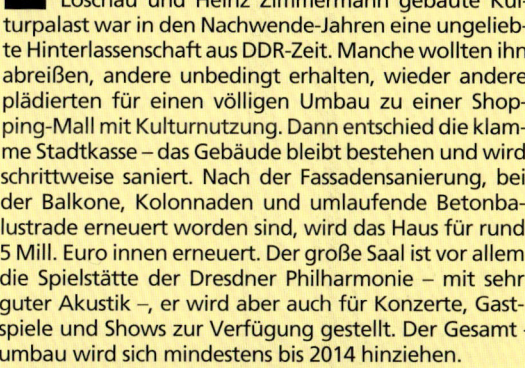

für die dahinter gelegene Frauenkirche werden Gebäude mit historisierenden Fassaden entstehen. Die Stehen-lassen-Befürworter haben gesiegt, aber sie werden ihren Kulturpalast schon bald nicht mehr wiedererkennen.

Kunsthofpassage

Zwischen Alaunstr. 70 und Görlitzer Str. 23–25 im Neustadt-Viertel España im Hinterhof

Für mehr als 10 Mill. Euro wurde das Areal aus verschiedenen Höfen gestaltet: 16 Läden (Mode, Schmuck, Antiquitäten, Kunst), eine Ballettschule und 50 Wohnungen. Goldene Fliesen, in Meißen gebrannt, zieren das Ambiente. Die Laternen aus Spanien, die gekrümmten Regenrinnen aus sächsischen Werkstätten, das Fassadengrün aus der Erde. Eine Dresdner Künstlergruppe hat den frisch-frechen, farbentollen »Hof der Elemente« gestaltet. Hier ist immer etwas los. Feste, Foren, Tapas-Kneipe – »Barcelona in Dresden«, sagt einer der Aktivisten.

Kunstquartier Barockviertel

Info: www.kunstindresden.de

Ein »Brückenschlag«, nämlich die Augustusbrücke, führt von Dresdens Altstadt über die Elbe ins unmittelbar angrenzende Barockviertel, die einstige »Neue Königstadt«, die Wiege Dresdens. Der Reiz dieses Areals liegt in der Individualität, die mit Vielfalt gekoppelt ist. Auf dem Streifzug durch das liebevoll restaurierte Viertel mit seinen kleinen Gassen und Innenhöfen gibt es beinah auf Schritt und Tritt etwas zu entdecken. In einem Umkreis von nur 400 m findet sich hier eine seltene Dichte historischer Architektur, in der sich städtische und private Kulturinstitutionen angesiedelt haben.

Zu den privaten gehören: **Kunsthaus, Museum der Dresdner Frühromantik** (www.archsax.sachsen.de/lmv), **Kulturrathaus** (www.dresden.de/kulturrathaus), die Galerien Sybille Nütt (www.galerie-sybille-nuett.de), Brigitte Utz (www.galerie-brigitte-utz.de), Finckenstein (www.galerie-finckenstein.com), Ines Schulz (www.galerie-ines-schulz.de), F Dresden (www.galerie-f-dresden.de) und Galleria bell' arte (www.galleria bellarte.de) sowie das Atelier Marcus Göpfert. Sie alle befassen sich mit unterschiedlichen Epochen und Stilen Dresdner und sächsischer Kunst, Schwerpunkte sind auch die Kunst der Gegenwart und jene der sogenannten »verschollenen Generation« Dresdner Künstler des frühen 20. Jahrhunderts. Überragt ist das Viertel von der **Dreikönigskirche**.

Zu den städtischen Kulturinstitutionen zählen: **Museum für Sächsische Volkskunst, Landesmuseum für Vorgeschichte, Museum für Völkerkunde** und **Erich-Kästner-Museum**. Aus den Bereichen Theater und Musik: Societaetstheater und Jazzclub Neue Tonne. Außerdem haben sich zahlreiche Kunsthandwerker hier Ateliers und Werkstätten eingerichtet, wie Töpfer, Glas- und Schmuckkünstler sowie Juweliere.

Für Flaneure und Augengenussmenschen: Die Nieritzstraße ist einheitlich im Biedermeierstil errichtet und damit eine Rarität in Europa. Grüne Oasen bieten Palaisplatz, Hauptstraße und die nahen Elbwiesen, von denen der »Canalettoblick« auf die andere Uferseite gerichtet wird.

 Kurländer Palais
Tzschirnerplatz

Erst von den Preußen, dann von den Alliierten in der Bombennacht des Februar 1945 zerstört, hatte es das Kurländer Palais – 1774 benannt nach dem neuen Besitzer Prinz Carl Herzog von Kurland – nicht leicht in den Zeitläufen. Niemand traute sich an den Schutthaufen heran, denn die Ruine war riesig und ihre Wiederherstellung ist durchaus gleichzusetzen mit den Großprojekten Frauenkirche, Coselpalais oder Wettinerschloss.

Doch nun ist es so weit, die Sanierungsarbeiten haben begonnen. Der erhaltene Fassadenteil gliedert sich in neun Fensterachsen, der Balkon mit Sandsteinbrüstung ruht auf helmförmigen Tragsteinen. Sie flankieren das Mittelportal mit Porträtrelief und Rocailleschmuck auf dem Stichbogen. Der Bau von Johann Christoph Knöffel (1727/28) galt als Paradebeispiel des eleganten Dresdner Rokoko, seine Rückkehr komplettiert das Stadtbild.

Zu DDR-Zeit war in den Kellergewölben der einzige Jazzclub des Landes, »Die Tonne«, untergebracht, 1995 geschlossen. Das Palais soll ein Mix aus Gastronomie und Büroräumen werden. Während des Hochwassers stand das historische Gewölbe fast 3 m unter Wasser, dabei wurden einige Fundamente weggespült.

 Dresdner Molkerei Gebrüder Pfund
Bautzner Str. 79

Alles andere als ein einfacher Milchladen: Pfunds Molkerei

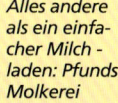

 ℭ (03 51) 80 80 80
www.pfunds.de
Mo–Fr 10–18, Sa/So/Feiertage 10–15 Uhr

Das ist der schönste Milchladen der Welt: 1892 eröffnet, jüngst vier Jahre lang vollständig restauriert. Hinter der Fassade eines Jugendstil-Häuserblocks verbergen sich im Erdgeschoss eine Ladenzeile, ein Käseladen, in der Etage darüber ein Café sowie ein Restaurant mit 90 Plätzen, in dem Käseplatten, Aufläufe und andere leichte Gerichte (kein Fleisch) angeboten werden.

Der Milchladen entpuppt sich als barocke Pracht aus Stuck, Porzellan und hochwertigen Fliesen. Auf kostbaren Wandkacheln tummeln sich dralle Nackedeis, kosten Milch, füllen sie ab, stampfen Butter.

Drumherum rankt sich eine Kulisse aus Blumen, Früchten und Schäferidyllen. Mehrere Dresdner Künstler schufen diese Ode auf die Milch, die wie durch ein Wunder Kriege, Brände und sozialistische Mangelwirtschaft überstand.

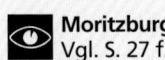 **Moritzburg**
Vgl. S. 27 f.

 Residenzschloss
Besucherzentrum der Staatlichen Kunstsammlungen Dresden Taschenberg, Ecke Schlossstraße
ℭ (03 51) 49 14 20 00, Öffnungszeiten der Museen im Residenzschloss: tägl. außer Di 10–18 Uhr

Eingang über den Kleinen Schlosshof, Schlossstraße zum Neuen und Historischen Grünen Gewölbe, Kupferstichkabinett und Münzkabinett, Türkische Cammer und Rüstkammer, Hausmannsturm und Kunstbibliothek

Das Schicksal der früheren Residenz der Wettiner schien nach dem Zweiten Weltkrieg besiegelt. Jahrzehntelang stand an Stelle des prachtvollen Schlosses nur noch eine ausgebrannte Ruine. 1289 bereits urkundlich erwähnt, wurde die Burg unter Moritz von Sachsen zum Renaissance- und unter August dem Starken zur Barockanlage umgestaltet. In DDR-Zeiten stand eine Rekonstruktion nicht auf der Agenda, in den 1960er-Jahren sollte das Schloss zum »Museumskombinat« umgebaut werden. Ende 1991 begann die grundlegende Sanierung des Großen Schlosshofs.

Wer den 110 m hohen **Hausmannsturm** besteigt, hat eine Übersicht der gesamten Schlossanlage (Ende März–Mitte Nov. 10–18 Uhr). Die Außenfassade des **Langen Ganges** in der Auguststraße schmücken 35 Herrscher des Hauses Wettin von 1127 bis 1904. Ihnen folgen Adlige, Heerführer, Gelehrte und Künstler. Das Bild – ursprünglich in Sgraffito-Technik – wurde 1904–07 auf 25 000 Kacheln aus Meissner Porzellan übertragen – und ist somit das größte Porzellanbild der Welt. Zur 800-Jahr-Feier Dresdens 2006 war der Großteil der

Arbeiten an der Schlossanlage abgeschlossen. Ein jahrzehntelanges Provisorium ging zu Ende. Es gehört zu den Wundern von Dresden, dass dieses repräsentative Gebäude wiedererstand.

Als erstes Museum zog im April 2004 das **Kupferstich-Kabinett** (vgl. S. 38 f.) im Residenzschloss ein, im September folgte das **Neue Grüne Gewölbe** (vgl. S. 36 f.) und seit 2006 ist auch das **Historische Grüne Gewölbe** (vgl. S. 37) in seinen ursprünglichen Räumen zu bewundern. **Türkische Cammer** und **Rüstkammer** zeigen vor allem Bestände aus den Augustinischen Sammlungen.

Die **Kunstbibliothek** ist die zentrale wissenschaftliche Bibliothek der Staatlichen Kunstsammlungen Dresden. Neben kunsthistorischer Literatur gehören zum vielfältigen Bestand auch Künstlermonographien und Ausstellungskataloge aus aller Welt. Der Präsenzbestand umfasst 130 000 Bände und kann im Freihandbereich eingesehen werden (✆ 491 42 48).

Das **Münzkabinett** zeigt wieder in alter Umgebung die mehr als 300 000 Exponate. Neben Münzen und Medaillen auch Banknoten, historische Wertpapiere und Orden (Eintritt € 3/2).

 Schloss Pillnitz
Vgl. S. 29 f.

 Semperoper
Theaterplatz 2
 ✆ (03 51) 491 14 96, Fax (03 51) 491 14 58
www.semperoper.de, Führungen meist nachmittags: € 7/3,50, Kartenbestellungen ✆ (03 51) 491 17 77, Besucherdienst ✆ (03 51) 491 17 05 und www.semper oper-fuehrungen.de
Das Opernhaus ist Gottfried Sempers zweiter Hoftheaterbau, nachdem sein erster Bau 1869 abgebrannt war. Er entwarf die Pläne und übertrug seinem Sohn Manfred die Bauleitung und Ausführung (1871–78) des Gebäudes (vgl. S. 19).

Skaten
Dresden hat sich zu Deutschlands Skatermetropole entwickelt und ist mit der längsten Skaterkette der Welt ins Guinness-Buch der Rekorde aufgenommen worden. Jeden Freitag bewegen sich Tausende junger und jung gebliebener Skater auf einer bis zu 20 km langen Runde durch Dresden. Besonders beliebt ist das sommerliche Nachtskaten, bei dem sogar Teile der Innenstadt für den Autoverkehr gesperrt werden.

Damit man im Winter rollend fit bleiben kann, leistet sich Dresden Deutschlands größte Skaterhalle, einen historischen Industriebau mit einer Fläche von 5600 m² (Königsbrücker Straße stadtauswärts, mit Straßen- und

S-Bahn zu erreichen, Nov.–April tägl. 15–22 Uhr, Ausleihe von Skates, www.nachtskaten-dresden.de).

Staatsbibliothek
Zellescher Weg 18
✆ (03 51) 467 73 90, www.slub-dresden.de
Mo–Sa 8–24, So 10–18 Uhr
Sieben Millionen Bücher, 1000 Leseplätze auf 40 000 Quadratmetern, dazu 250 Arbeitsplätze – und alles unterirdisch, drei Geschosse tief. Die neue Staatsbibliothek, 2002 eröffnet – ein 90 Mill. Euro teurer Bau nach dem Entwurf der Wiener Architekten Manfred und Laurids Ortner –, ist ein Gebäude der besonderen Art. Innen regiert das Repertoire des Klassischen: dunkle Täfelung, Parkett, Säulen, schwere Teppiche. Nur von oben dringt Tageslicht durch, je nach Wetter automatisch abgeschattet durch elektrochromatisches Glas. Künstliche Lichtquellen wie Tischleuchter stellen eine intime Arbeitsatmosphäre her. Ein Tempel für Leser, die nichts stören soll.

Stadtarchiv Dresden
Elisabeth-Boer-Str. 1
✆ (03 51) 488 15 15, www.stadtarchiv-dresden.de
Di, Do 9–18, Mi 9–16, Fr 9–12 Uhr
Das modernste Stadtarchiv Europas befindet sich in der altehrwürdigen Hülle der ehemaligen Königlich-Sächsischen Heeresbäckerei in der Albertstadt. Wer sich für die Stadtgeschichte Dresdens interessiert, findet einen lückenlosen Bestand seit 1260 vor.

Synagoge
Hasenberg 1
✆ (03 51) 656 88 25
www.hativka.de
Führungen Mo–Do 14–18 Uhr, € 4/2,50, Voranmeldung erforderlich (nur Di 10–12 und 13–15 Uhr)
Ein Musterbeispiel moderner Sakralarchitektur, das 2001 den World Architecture Award erhielt. Zwei kräftige Kuben, verbunden durch eine massive Mauer, stehen zwischen dem alten Festungsraben Dresdens und einer breiten Hauptstraße, die sich zu einer der Elbbrücken aufschwingt. Der Standort ist Demonstration: Wir, die Juden, sind wieder da.

Im Novemberpogrom 1938 war die Synagoge restlos zerstört, die Gemeinde fast ausgelöscht worden. Nun ist sie im Zentrum Dresdens wieder präsent. Wenngleich noch verhalten, mit einem Bau, an dem alles Reduktion ist: Die Außenmauern sind nur durch flache Lichtschlitze geöffnet, nach innen, zum Hof hin, ist die Fassade fast völlig verglast.

Taschenbergpalais
Theaterplatz

Das Gebäude erhielt seinen Namen nach seinem Standort an einer flachen Erhebung. Mit der Errichtung des reich ornamentierten Mittelbaus (1707–11) beauftragte August der Starke seinen Lieblingsarchitekten Matthäus Daniel Pöppelmann. Bis zu ihrer Verbannung lebte hier die Gräfin Cosel, die Mätresse des Kurfürsten.

Das in Rekordzeit rekonstruierte Taschenbergpalais gehört heute einem großen Hotelkonzern. Im Innenhof gibt es ein Restaurant, in dem die Dresdner nachmittags gern ihren Kaffee nehmen.

Traditionsbahn Radebeul

Heimatbahnhof Radebeul-Ost

℃ (03 51) 46 14 80 01, www.trr.de

bB3

Mit dieser Bahn, »Lößnitzdackel« genannt, reiste einst die feine Gesellschaft zwischen Radeberg, Radebeul und Moritzburg hin und her. Die hier seit 1884 auf 16,5 km verkehrende Schmalspurbahn wird heute von einem Verein betrieben. Sie führt durch den Lößnitzgrund, eine der schönsten Gegenden um die sächsische Landeshauptstadt, geprägt von Weinbergen, alten Villen und Wäldern. Die Bahn fährt tägl. ab Radebeul-Ost ab 8.28 Uhr einmal pro Std. bis 18.28 Uhr (vgl. auch S. 29).

Weingut Hoflößnitz und Stiftung Weingutmuseum

Knohllweg 37, 01445 Radebeul

℃ (03 51) 839 83 33, www.hofloessnitz.de

www.saechsische-weinstrasse.de

Di–Fr 10–13 und 14–18 Uhr, Sa/So/Fei 10–18 Uhr

Eintritt € 2,30/1,50

bA/bB3

Das rekonstruierte Taschenbergpalais beherbergt ein Luxushotel

Die **Sächsische Weinstraße** ist eine der nördlichsten Europas. Ihre Weißweine haben zahlreiche Preise erhalten, für wirklich gute Rotweine reicht die Sonnenkraft nicht aus. Seit über 700 Jahren wird im Gebiet des Oberen Elbtals Weinanbau betrieben. König und Kurfürst August der Starke feierte hier berauschende Weinlesefeste. Die Weingutanlage erhebt sich auf einer Heidesandterrasse am Füße der Lößnitzhänge. Sie umfasst heute wieder das ehemalige Pressgebäude, das Berg- und Lusthaus, das Winzerhaus, das Kavalierhaus und die ehemaligen Wirtschaftsgebäude.Wie sehr die Region um Dresden traditionell mit dem Weinbau verbunden ist, wird anschaulich dokumentiert. Wein-Verkostungen finden auch statt. Allein die Anlage des Weingutes ist einen Besuch wert.

Die pracht-volle ehema-lige Tabakfa-brik Yenidze wird heute als Kultur-zentrum genutzt

  Weißer Hirsch/Loschwitz
Der Stadtteil Loschwitz zieht sich an den Elbhängen hinauf zum früheren Kurort Weißer Hirsch, benannt nach einem nicht mehr existierenden Gasthof. Er galt immer schon als Nobelviertel, auch heute residieren vorwiegend vermögende Zeitgenossen und einige Künstler in den schönen alten Villen.

Manfred von Ardenne, ein vielseitiger Wissenschaftler und der Erfinder einer Sauerstofftherapie, durfte hier in DDR-Zeit das einzige private Forschungsinstitut leiten.

Zwischen Loschwitz und Oberloschwitz verkehrt eine Bergschwebebahn, zwischen Loschwitz und Weißer Hirsch eine Standseilbahn, Abfahrt am Körnerplatz.

Das **Traditionsrestaurant Luisenhof** bietet einen grandiosen Blick über das Elbtal, vgl. S. 81. Der schöns - te Weg zu Fuß geht vom Körnerplatz den reizvollen Steilweg hinauf.

 Yenidze
Weißeritzstr. 3
℗ (03 51) 495 10 01, www.1001maerchen.de
Tickets ab € 7,50/5
Die ehemalige Tabakfabrik im Moscheenstil ist 1906 nach der Idee des weitgereisten Industriellen Hugo Zietz gebaut worden. Mit dem Moscheenstil folgte er dem architektonischen Trend seiner Zeit und wollte

zugleich daran erinnern, dass der beste Tabak aus dem Osmanischen Reich stammt. Von dorther bezog der Fabrikherr sein Material, dass er zu Zigaretten verarbeitete.

Dresden war seinerzeit das Zentrum der deutschen Tabakwarenproduktion, die erste Zigarette gelangte 1862 aus Russland in die Stadt an der Elbe.

Heute ist der prachtvolle Fabrikbau saniert und umgebaut zu einem Büro- und Kulturzentrum, in dem Schauspieler zwischen Do und Mo während der **Märchenstunden** unter der Glaskuppel Märchen aus 1001 Nacht und dem gesamten Märchen- und Mythenschatz der Erde lesen (Do 19, Fr 19 und 21.30, Sa 16, 19 und 21, So 16 und 19, Mo 19 Uhr, Kinder am Nachmittag € 5, Erwachsene am Abend ab € 6,50, bei künstlerischen Einlagen wie beispielsweise Bauchtanz € 10–12,50). Die Lesungen dauern eine bis anderthalb Stunden.

Skulptur im Zwinger

  **Zwinger**
Auskünfte zu Öffnungszeiten, Sonderausstellungen u.a. bei den Staatlichen Kunstsammlungen Dresden

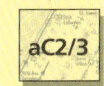

aC2/3

✆ (03 51) 49 14 20 00
www.skd-dresden.de

Die einzigartige Barockanlage entstand 1709–32 und zählt zu den originellsten Architekturleistungen der Welt. Die Bezeichnung »Zwinger« wurde wegen der unmittelbaren Lage an der Stadtbefestigung gewählt. Nach den Kriegszerstörungen wurde der Zwinger bis 1964 wieder aufgebaut (vgl. S. 20 f.).

Martialische Exponate in der Rüstkammer

Im Nordwesten befindet sich der **Mathematisch-Physikalische Salon**, eine einzigartige Sammlung von Uhren, Globen und Messgeräten (Di–So 10–18 Uhr, Eintritt € 3/2).

Gegenüber kommen Liebhaber des Meißner Porzellans auf ihre Kosten. Die 1717 von August dem Starken angelegte **Porzellansammlung** (vgl. S. 41).

Im Semperbau befindet sich die **Gemäldegalerie Alte Meister** (vgl. S. 36). Seit 1995 ertönt wieder täglich (außer Jan./Feb.) um 10.15, 14.15 und 18.15 Uhr (im Sommer zusätzlich 22.15 Uhr) das berühmte, zweitgrößte **Glockenspiel** Deutschlands. ✤

6   Service

Dresden in Zahlen und Fakten

Alter: über 800 Jahre, 1206 gegründet.

Fläche: 328,3 km², an vierter Stelle bundesdeutscher Großstädte (nach Berlin, Hamburg, Köln), davon sind etwa 25 % Wald- und Erholungsflächen

Lage: Sachsens Hauptstadt liegt im südöstlichen Teil des Freistaates. Dresden ist in 19 Stadtbezirke gegliedert.

Einwohner: 475 000

Einwohnerdichte: 1446 Einwohner pro km²

Bevölkerungszusammensetzung: 3,4 % Ausländeranteil (16 200).

Klima/Temperaturen: Feuchte, kühl-gemäßigte Klimazone, die Jahresmitteltemperatur beträgt 9,9 °C, damit gehört Dresden zu den wärmsten Städten Deutschlands.

Bildung: 30 technologische und wissenschaftliche Institute haben ihren Sitz in Dresden, darunter die TU Dresden und die Hochschule für Technik und Wirtschaft.

Wirtschaft: Vor allem Unternehmen aus den Bereichen Mikroelektronik, Informations- und Biotechnologie sowie Elektrotechnik sind in Dresden angesiedelt.

Tourismus: Im bisherigen Rekordjahr 2006 besuchten 10,3 Mill. Gäste die Stadt, 3,5 Mill. Übernachtungen wurden verzeichnet; der Anteil ausländischer Touristen betrug 14 %, die meisten davon aus den USA, gefolgt von Touristen aus der Schweiz und aus Japan.

Detail des Raffael-Gemäldes »Die Sixtinische Madonna« (um 1516), Gemälde galerie Alte Meister (oben)

Anreise

Mit dem Flugzeug landet man auf dem **Flughafen Klotzsche**, 11 km vom Stadtzentrum entfernt. Seit der Einweihung des hochmodernen, unterirdischen Bahnhofsterminals am Flughafen gibt es eine bequeme S-Bahn-Verbindung (S 2) vom Flughafen zum Hauptbahnhof und zum Bahnhof Neustadt. Auskunft ☎ (03 51) 881 33 60 und unter www.dresden-airport.de.

Aus allen Richtungen werden Dresdens **Bahnhöfe Hauptbahnhof** und **Neustadt** von ICE-, IC-, IR- und Regionalzügen angefahren. Auskunft deutschlandweit: ☎ 118 61.

Mit dem Auto erreicht man Dresden über die Autobahn A 4 aus Richtung Chemnitz; Autobahn A 13 aus Richtung Berlin; Autobahn A 14/A 4 aus Richtung Leipzig. Über die Ausfahrt »Wilder Mann« gelangt man tagsüber schneller in die Stadt als über die oft verstopften Ausfahrten Altstadt und Neustadt.

Mit dem Schiff kann man von Hamburg via Magdeburg anreisen, Anbieter sind Viking (www.vikingrivers. com) und Deilmann (www.deilmann-kreuzfahrten. de).

Auskunft

Informationsbüros:

Dresden-Werbung und Tourismus GmbH
Postfach 12 09 51, 01010 Dresden
℡ (03 51) 49 19 21 00, Fax (03 51) 49 19 21 37
www.dresden-tourist.de
info@dresden-tourist.de
Informationsmaterial wird auf Wunsch zugeschickt.

Touristinformation
Schlossstr. 2, im Kulturpalast
℡ (03 51) 49 19 21 40
Mo–Fr 10–19, Sa 10–18, So 10–15 Uhr
Informationen, Stadtrundfahrten, Zimmervermittlung, Verkauf von Eintrittskarten. Die Touristinformation übernimmt die Betreuung von Gruppen- und Individualreisenden.

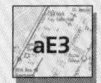

Ein guter Spartipp ist die **Dresden City-Card** für € 21, mit der man 48 Stunden freie Fahrt mit öffentlichen Verkehrsmitteln, freien Eintritt in die Museen der Staatlichen Kunstsammlungen (ausgenommen: Grünes Gewölbe) und Ermäßigungen bei Ausstellungen, Stadtrundfahrten und in einigen Restaurants hat. Neu ist die **DresdenCityCard** für Familien zum Preis von € 42 (zwei Erwachsene und bis 4 Kinder).

Die **Dresden Regio-Card** – zusätzlich freie Fahrt mit der S-Bahn im gesamten Umland und Ermäßigungen im Schloss Moritzburg, im Karl-May-Museum Radebeul, der Albrechtsburg Meißen, der Felsenbühne Rathen und Burg Stolpen – kostet € 32 und ist 72 Stunden gültig.

Dresden Days bietet preisgünstige Pauschalangebote mit Übernachtungen und einigen Extras. Infos bei der Dresden Werbung und Tourismus GmbH, ℡ (03 51) 49 19 21 40.

Websites:

www.dresden.de – Homepage der Stadt
www.dresden-tourist.de – Infos zu Unterkünften, Veranstaltungen und Tipps
www.cybersax.de – virtuelles Stadtmagazin mit Veranstaltungshinweisen und dergleichen
www.ddticker.de – Online-Newsletter zu Kultur, Freizeit, Kommunalem und Sport
www.dresden-neustadt.de – über Dresdens Szeneviertel
www.filmnaechte-am-elbufer.de
www.gegenpol.net – schwul-lesbisches Monatsmagazin aus und für Sachsen
www.kneipensurfer.de – stellt diverse Lokale in der gesamten Stadt vor
www.schloesser-dresden.de

Wichtige Rufnummern:

Vorwahl Dresden: ✆ 03 51

Notruf ✆ 112
ADAC ✆ 0 18 02-22 22 22 (Pannendienst)
Abschleppdienst: Abschleppservice Sachsen ✆ (03 51) 87 74 80 (rund um die Uhr)
Auskunft Ärzte und Apothekenbereitschaft ✆ (03 51) 01 15 00
Behindertenfahrdienst des DRK ✆ (03 51) 850 02 22, 850 02 23
Caravan Camping ✆ (03 51) 880 97 92 (ganzjährig)
Camping Mockritz ✆ (03 51) 471 52 50 (geschl. zwischen Weihnachten und Neujahr)
Camping Wostra ✆ (03 51) 201 32 54 (1. April–3. Okt.)
Fundbüros ✆ (03 51) 488 42 80 (Hamburger Str. 19 a, Di, Do/Fr 8–12, Di, Do 14–18 Uhr) und ✆ (03 51) 471 06 00 (Hauptbahnhof, Mo–Fr 9–12.30 und 13–15 Uhr)
Kassenärztlicher Notfalldienst ✆ (03 51) 192 92
Mitfahr- und Mitwohnzentrale ✆ (03 51) 194 40 (Dr.-Friedrich-Wolf-Str. 2, Mo–Fr 9–20, Sa/So 10–14 Uhr, www.mit fahren-online.de)

Einkaufen

Es ist eine Lust, in dieser barocken Stadt einzukaufen – vor allem, wenn man den Einkaufsbummel mit dem Flanieren auf beiden innerstädtischen Seiten der Elbe verbindet. Die **Prager Straße** hat sich in den letzten Jahren zu einer beliebten Einkaufspassage gemausert, vor allem wegen ihrer Kaufhäuser und Boutiquen.
Die **Altmarkt-Galerie** am Altmarkt gehört zu den attraktivsten Deutschlands, hier kann man unter dem Glasdach herum schlendern, schauen und vergleichen. In den umliegenden Straßen bestimmen Läden mit individueller Note das Bild.

Einkaufs-bummel auf der Wilsdruffer Straße

Die **Wilsdruffer Straße** im Schlossviertel und rings um das Taschenbergpalais bietet hauptsächlich regionale Spezialitäten und Souvenirs. Man hetzt hier nicht von einem Geschäft zum anderen, sondern zelebriert das Shoppen, indem man es durch einen Kaffeehausbesuch unterbricht.

Empfehlenswert sind Keramik und Töpferware aus der Oberlausitz, Handwerk- und Kunsthandwerksarbeiten aus dem Erzgebirge und dem sächsischen Raum, Weißweine von der Sächsischen Weinstraße, die als Raritäten gelten, und Delikatessen der sächsischen Küche. Auch Modeinteressierte, selbst solche mit dem Hang zu leicht schrägem Outfit, kommen in Dresden auf ihre Kosten. Wer sich vor Kaufhäusern nicht scheut, wird dort manche preisgünstige Entdeckung machen. Dresdens Warenhäuser gelten als besonders innovativ.

Ein einmaliges Erlebnis ist der Einkaufsbummel auf der Neustädter Seite, in der Gegend um die **Königstraße**, die am Japanischen Palais beginnt. Seit 1731 wurde ständig an der 692 m langen Straße gebaut. Eine Baupause musste sie hinnehmen, als sie Friedrich-Engels-Straße hieß. Wenn es regnete, tropfte es damals in jedem zweiten Haus bis in die Läden. Wer heute an der letzten komplett erhaltenen Barockstraße Dresdens residiert, lockt Käufer an, indem er hinter der denkmalgeschützten Fassade mit einem modernen Innenleben verblüfft. Die Königstraße mit ihrem unverwechselbarem Flair, vom genialen Architekten und Stadtplaner Pöppelmann entworfen, ist Dresdens schönste und teuerste Einkaufsstraße.

Die parallele **Hauptstraße**, von Platanen gesäumt, besitzt eine historische Handwerkerpassage im und um das Kügelgenhaus (vgl. S. 41) und Dresdens älteste Markthalle.

Im Gründerzeitviertel der **Äußeren Neustadt** finden sich schrille Szeneläden.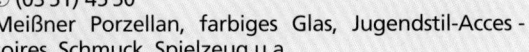

Antiquitäten, Design & Raritäten:

Am Goldenen Reiter
Hauptstr. 19
℗ (03 51) 45 50
Meißner Porzellan, farbiges Glas, Jugendstil-Acces-
soires, Schmuck, Spielzeug u.a.

Bunzlauer Keramik
Bautzner Str. 81
℗ (03 51) 810 31 43, www.bunzlau24.de
März–Dez. Mo–Fr 10–17, Sa bis 16, Jan./Feb. Mo–Fr 10–16, Sa bis 14.30 Uhr
Ein umfangreiches Angebot traditioneller Keramiken aus der alten Töpferstadt Bunzlau, die heute in Polen liegt. Die Spezialität: Die Objekte werden vorwiegend in blauweißer Schwämmeltechnik hergestellt.

Porzellan-manufaktur Meißen: von hier aus werden die edlen Stücke in alle Welt exportiert

Historische Möbel & Antiquitäten
Königsbrücker Str. 47 (Hinterhof) und 63 (Werkstatt)
℘ (03 51) 550 78
Umfangreiches Angebot, aber auch Skurriles aus Haushaltsauflösungen und Nachlässen.

Korbmacher U. Lipka
Bautzner Str. 27 B, ℘ (03 51) 801 21 77
Neben handgearbeiteten Körben bietet das Traditionsgeschäft Rattan-Möbel, Teppiche, Taschen und Schmuck an.

Kunstgewerbe Etzold
Hauptstr. 19, ℘ (03 51) 804 38 93
Erzgebirgsfiguren, sächsische Tonware, Drechselarbeiten und Schnitzereien aus dem deutschen Weihnachtsland.

Porzellanmanufaktur Meißen
Talstr. 9 (links vom Museums-Eingang), 01662 Meißen
℘ (035 21) 46 83 32, www.meissen.de
Mai–Okt. tägl. 9–18, sonst bis 17 Uhr, Weihnachten, Silvester, Neujahr geschl.
Für Liebhaber edlen Tischschmucks lohnt sich der Weg nach Meißen. Die mit feinsten Malereien verzierten Porzellane sind begehrt und locken Sammler aus aller

Welt. In **Dresden** finden sich autorisierte Händler der Staatlichen Porzellan-Manufaktur bei Karstadt auf der Prager Straße, im Hotel Hilton und am Flughafen.

Bücher:

Dresdner Antiquariat

Wilsdruffer Str. 14, ℂ (03 51) 490 45 83
Ein Ort für bibliophile Schatzsucher und Schnäppchen-jäger, Restposten aus DDR-Verlagen, modernes Anti-quariat, Saxonica, Koch-, Kunst-, Kinderbücher u.v.m.

Delikatessen:

Neustädter Markthalle

Metzer Str. 1, ℂ (03 51) 810 54 45
www.markthalle-dresden.de, Mo–Fr 8–20, Sa bis 18 Uhr
Die Händler offerieren auf einer Grundfläche von 4500 m^2 und drei Etagen neben kulinarischen Spezialitäten aus dem Spreewald, Wein von den Elbhängen oder frisch Gebackenes aus Dresdner Backstuben auch Kunst-handwerk und Gebrauchsartikel. Der original wieder errichtete Gründerzeitbau ist ein liebenswertes Über-bleibsel aus einer Zeit, in der man noch pompös baute.

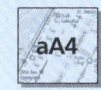

Quattro – die Ladenbar

Wallgässchen 4, ℂ (03 51) 216 76 04
Zwölf Jahre alter Edelessig der Sorte Aceto Balsamico, aus Traubenmost hergestellt, mit Weinessig versetzt, und andere italienische Spezialitäten ausschließlich aus dem Manufakturbereich, keine großindustriell gefer-tigten Produkte. Selbst Italiener kaufen hier das Beson-dere aus Italien.

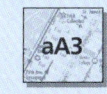

Regionale Produkte erwirbt man in der Neustädter Markthalle

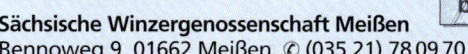

Sächsische Winzergenossenschaft Meißen

Bennoweg 9, 01662 Meißen, ℂ (035 21) 78 09 70

Hofladen Mo–Fr 10–18, Sa bis 13 Uhr
Gutes Sortiment sächsischer Weine. Seit über 800 Jahren werden hier Reben verarbeitet. Weißburgunder und Müller Thurgau gelten unter den Trockenen als die besten.

Sächsische Vinothek

An der Frauenkirche 13
℡ (03 51) 484 52 00, www.saechsische-vinothek.de
Mo–Sa 11–19, So 12–19 Uhr
Hübsch sortierter Weinladen mit über 240 guten Tropfen, dazu Brände und Liköre. Neben Verkostung auch Versand und Weinbergsführungen.

Zieglers Fischladen

Holbeinstr. 60, ℡ (03 51) 442 59 09
Der Oberlausitzer Hubertus Ziegler führt das Fischimperium der sächsischen Hauptstadt. Seine Ware gilt als die beste; neben Meeresfrüchten bietet er Fisch aus heimischen Gewässern an. Begehrt sind Karpfen, der beliebteste Fisch in Sachsen.

Galerien:

Alle hier aufgeführten Galerien haben sich in einem Netzwerk vereint und arbeiten zusammen. So werden z.B. zweimal im Jahr Vernissagentage veranstaltet, an denen alle zur selben Zeit öffnen und der Besucher sich bei der Wanderung von einer Galerie zur anderen über ein reichhaltiges Kunstangebot informieren kann.

Art Academy

Radeberger Str. 28
℡ (03 51) 646 55 80, www.art-academy-gmbh.com
Di–Do 10–15, Fr 13–18, Sa 11–14 Uhr
In einer stilvollen alten Villa außerhalb des Zentrums; Konzentration auf Künstler sächsischer Schulen.

büro für kunst

Bischofsweg 24, ℡ (03 51) 848 59 83
Di–Fr 10–13 und 15–18, Sa 12–16 Uhr
Das büro in der Äußeren Neustadt arbeitet eng mit »eigenen« Künstlern zusammen. Sie werden zu bestimmten Themen angeregt, Kunstwerke zu erarbeiten.

Galerie Baer

Sebnitzer Str. 55, ℡ (03 51) 646 50 33
www.galerie-baer.de
Mi 10–14, Do/Fr 12–19, Sa 12–17 Uhr
Patrick-Daniel Baer ist das enfant terrible der Dresdner Kunstszene. Hat mit seiner Mischung Malerei, Fotografie, Installation inklusive Neue Medien und Konzeptkunst großen Erfolg weit über Dresden hinaus. Baer ist auch der Gründer des Netzwerks.

Galerie Döbele

Pohlandstr. 19
✆ (03 51) 31 82 90, www.galerie-doebele.de
Di–Fr 11–17 Uhr und nach Vereinbarung

Hier kauft der Kenner der DDR-Musikszene ein

Seit mehr als zwei Jahrzehnten präsentiert Döbele Kunst des 20. Jh. sowie Dresdner Kunst. Etwa von Max Ackermann, Eugen Batz, Johannes Heisig oder Edmund Kesting. Schwerpunkt auch auf Kunsthandel.

Galerie Gebr. Lehmann

Görlitzer Str. 16, ✆ (03 51) 801 17 83
www.galerie-gebr.-lehmann.de

Die beiden Brüder konzentrieren sich auf jüngere, dynamische Künstler deutscher und internationaler Herkunft. Ein Schwerpunkt ist Fotokunst.

Galerie Königstraße

Königstr. 16, ✆ (03 51) 314 14 44
Malerei und Grafik der klassischen Moderne aus der 1. Hälfte des 20. Jahrhunderts.

Galerie Mitte

Striesener Str. 49, ✆ (03 51) 459 00 52, www.galerie-mitte.de, Mo–Sa 14–19 Uhr und nach Vereinbarung
Fotografien, Grafiken, Bilder und Rauminstallationen von sächsischen Künstlern in der ältesten privaten Kunstausstellung der Stadt.

Glaswaren:

Glasbläserei Berger/Krause

Tonbergstr. 2, ✆ (03 51) 422 66 15
Große Auswahl leicht zerbrechlicher Kunstwerke.

Glasbläserei Killing
Rudi-Lattner-Str. 1
℡ (03 51) 411 61 97
Umfangreiches Angebot, Spezialanfertigungen.

Mode und Accessoires:

Business Mode
Wilsdruffer Str. 18–20
℡ (03 51) 802 47 19
Ausschließlich Herrenmode in Nähe der Frauenkirche, Motto »Ganz oder gar nicht«.

Hüpenthal
Bautzner Str. 63
℡ (03 51) 802 82 04
Uwe Hüpenthal macht bei Männern, die nicht gern Hemden aus Massenproduktion tragen, Furore. Seine Produkte werden im eigenen Laden hergestellt.

Dagmar Schreiber
Töpferstr. 2
℡ (03 51) 889 40 89, www.dagmar-schreiber.de
300 m² Licht, Glas und fliederfarbene Wände als Rahmen für Kleider von Jil Sander bis Miu Miu. In der Lounge gibt es Champagner, einen kleinen Mittagstisch und hausgemachten Kuchen.

Sinneskind
Wilsdruffer Str. 20
℡ (03 51) 484 19 99, www.sinneskind.de
Zum Probieren der schönsten Schuhe lässt frau sich auf einem Riesenledersofa in Orange und Weiß nieder. Zweimal im Jahr werden in einer Gewinnaktion Schuhe in verschiedenen Größen verlost.

Musik:

Zentralohrgan
Louisenstr. 22
℡ (03 51) 801 00 75
Ost-Rock, West-Punk, Black Music, Indie – alles außer Opernscheiben kann man bekommen. Was fehlt, wird nach Möglichkeit beschafft. Die Schallplattensammlung ist von geballter (N)Ostalgie. Natürlich gibt's auch CDs.

Wochenmärkte:

Die besten und originellsten finden sich am Alaunplatz (Do 9–17, Sa 8–12 Uhr), am Altmarkt (Mo–Fr 8–14, Sa 8–15 Uhr), am Münchner Platz (Mi 8–13 Uhr), an der Kopernikusstraße (Do 8–18 Uhr), an der Lingnerallee/ Sachsenmarkt (Fr 8–17 Uhr), am Schillerplatz (Sa 8–12 Uhr) und am Jacob-Winter-Platz (Mo, Mi, Fr 9–18 Uhr).

Feiertage/Feste

Im Freistaat Sachsen gelten die in Deutschland üblichen Feiertage, außerdem ist der **Buß- und Bettag** arbeitsfrei.

Jeden Monat erscheint ein aktueller **Kulturkalender**. Alle Veranstaltungsorte und -zeiten der im Folgenden aufgeführten Feste und Festivals sind darin zu finden.

Januar: Semper Opernball. Das gesellschaftliche Großereignis des Jahres, nur mit dem Wiener Opernball vergleichbar (Infos unter ✆ 03 51-491 25 93, www.semperopernball.de).

März: Hutball. Zum Ball, der an verschiedenen Orten stattfindet, und zur Party am Tag darauf findet man sich mit Kopfbedeckung ein (www.hutball.de).

April: Internationales Festival für Animations- und Kurzfilm. In Dresdner Kinos werden über 1000 Kurzfilme aus rund 50 Ländern gezeigt, diskutiert und durch eine internationale Jury bewertet (www.filmfest-dresden.de). Am letzten Aprilwochenende findet das **NEUstadtfest** statt. Auf Haupt- und Königstraße und den Straßen und Plätzen dazwischen treten Straßenkünstler, Musiker und Theatergruppen auf (www.neustadtfest.de).

Mai: Dampferparade. Am 1. Mai werden die historischen Raddampfer der Sächsischen Dampfschifffahrt bei einer Parade vorgeführt. **Dixieland-Festival**. Die größte Veranstaltung dieser Art in Europa findet seit 1971 statt, dazu kommen etwa 250 Oldtime-Bands aus aller Welt. Das Ganze gipfelt in der großen Parade zur

Schloss Albrechtsberg (1851–54), eines der Loschwitzer Elbschlösser, wird heute als Veranstaltungsstätte genutzt, vorn das »Römische Bad«

Jam Session am Theaterplatz (www.dixieland.de). **Konzerte und Ballett der Landesbühnen Sachsen** finden zwischen Mai und September im Zwinger unter freiem Himmel und im Marmorsaal statt. Die Tickets kosten € 10–15.

Ende Mai/Anfang Juni: Dresdner Musikfestspiele. Sie sind meist einem Komponisten gewidmet und versammeln internationale Orchester (Auskünfte und Kartenvorbestellung: persönlich in der Schinkelwache, Sophienstraße, unter Ticket Hotline ✆ 03 51-486 66 66, www.musikfestspiele.com).

Juni: Elbhangfest in den Stadtteilen Loschwitz, Wachwitz, Hosterwitz und Pillnitz. Hier feierten schon August der Starke und die Romantiker von E.T.A. Hoffmann bis Ludwig Tieck sowie Künstler von Caspar David Friedrich bis Carl Maria von Weber (www.elbhangfest.de). **Bunte Republik Neustadt.** Partys, Freiluftkonzerte, Kunstauktionen, Klamauk auf Straßen, Plätzen, Hinterhöfen der Äußeren Neustadt (www.bunterepublikneustadt.de). Zur **Langen Nacht der Wissenschaften** sind Hochschulen und außeruniversitäre Einrichtungen geöffnet. Wissenschaftler diskutieren mit Besuchern, zwischen den Standorten verkehren Pendelbusse (www.nacht.dresden-wissenschaft.de).

Juli: Museums-Sommernacht. Die Museen der Stadt haben in dieser Nacht bis 1 Uhr geöffnet, außerdem gibt es allerlei Veranstaltungen (www.dresden.de/museumsnacht). Das **Volksfest Vogelwiese** ist eine Volksbelustigung mit langer Tradition und Jahrmarkttreiben.

Juli/August: Dresdner Stadtfest. Am dritten Wochenende in Alt- und Neustadt und rund um die Augustusbrücke. Klassik und Pop, Kunst und Sport sowie kulinarische Angebote (www.dresden.de). **Filmnächte am Elbufer.** Open-Air-Kino und Konzerte am Neustädter Königsufer (www.filmnaechte-am-elbufer.de).

August: Festival der Zauberkunst, Moritzburg Festival (vgl. S. 28). Die **Pillnitzer Schlossnacht** ist seit 2008 das neue Highlight der Dresdner Feiergemeinde. Es findet im Gesamtkunstwerk des Schlosses mit internationalen Gästen statt. Mitte des Monats gibt es das Stadtfest, ein dreitägiges Spektakel mit prunkvoll historischem Festumzug und 15 thematisch gestalteten Festschauspielplätzen.

September: Kneipen und KulTournacht Dresden. In vielen Kneipen, Bars und Clubs spielen Bands auf, der Eintritt ist meist frei.

Herbst: Dresdner Tage der zeitgenössischen Musik.

Oktober: Dresdner Herbstfest auf dem Volksfestgelände in Johannstadt. **Kunstmarkt Dresden.** Findet im Residenzschloss statt und ist spezialisiert auf Zeichnungen, Aquarelle, Collagen und Fotografien. Viele Galerien und Verlage sind beteiligt.

November: TANZHerbst. Das Festival widmet sich den beiden großen Tanzpädagoginnen der Stadt, Mary Wigman und (ihrer Meisterschülerin) Gret Palucca (www.tanzherbst.de).

Ende November bis Weihnachten: Striezelmarkt. Der älteste Weihnachtsmarkt Deutschlands findet seit fast 600 Jahren auf dem Neumarkt statt. Im strahlenden Lichterglanz wird an Ständen neben Kulinarischem – Pulsnitzer Lebkuchen gibt es nur hier – die Volkskunst des Erzgebirges offeriert, die das Weihnachtsfest zum Inhalt hat. Nussknacker und Räuchermännchen, Weihnachtspyramiden und Schwibbögen, Holz- und Blechspielzeug sowie Keramik aus der Lausitz.

Namensgebend ist der Striezel, der patentgeschützte Dresdner Christstollen mit Echtheitssiegel, über dessen Ingredienzien die Bäcker nie ins Detail gehen. Am zweiten Adventssamstag bringen sie traditionell einen Riesenstollen von 3 800 kg in einem Festumzug durch die Altstadt zum Striezelmarkt. Schon August der Starke ließ unter einem Riesenchristbaum und einer 14 m hohen Weihnachtspyramide 20 000 Stollenstücke verteilen. Tradition verpflichtet.

Freibäder

Georg-Arnhold-Bad
Hauptallee 2
℡ (03 51) 496 87 02, Mai–Mitte Sept. Mo/Di, So 9–22, Mi–Sa 9–23 Uhr, Eintritt 2 Std. € 5/3,50

Die solarbeheizte Beckenanlage ist ökologisch vorbildlich, die gesamte Wasserfläche zählt 950 m². Das Bad ist vor allem bei Schwimmern beliebt, die aus sportlichen Gründen kommen. Es gibt keine Sprunganlage, aber eine 16-Meter-Rutsche und einen Imbissbetrieb.

Freibad und Schwimmhalle Prohlis
Senftenbergerstr. 58, ℡ (03 51) 284 31 61
Mai–Aug. tägl. 9–20 Uhr, Eintritt € 3/1,70

Große Anlage für Familien und Singles, 1300 m² Wasserfläche. Es gibt eine originelle Wasserrutsche und großräumige Liegeflächen. Das einfache Lokal ist vom Bad aus zugänglich.

FKK-Strandbad Wostra
Wilhelm-Weitling-Str. 61
℡ (03 51) 201 32 38, Mai–Mitte Sept. tägl. 9–20 Uhr, Mitte Aug.–Mitte Sept. 9–19 Uhr, Eintritt € 3/1,70

Sehr beliebtes Bad mit wunderschön gelegenem Naturteich, Wasserfläche 15 000 m². Schöner Strand und Liegeflächen im Grünen, Volleyballfeld und Kegelanlage. Familienorientiert, mit Nacktheit wird sehr selbstverständlich umgegangen. Imbissbetrieb.

Geld/Banken/Post

Geschäftszeiten der Banken und Sparkassen:
Mo–Fr 8.30–16, Do 8.30–18 Uhr (in der Innenstadt).

Geschäftszeiten der Post:
Mo–Fr 8–18, Sa 8–12 Uhr (Postamt Prager Straße).

Hinweise für Behinderte

Unter www.dresden.de/barrierefrei finden blinde und sehbehinderte Menschen Internetseiten der Stadt, die auf ihre speziellen Bedürfnisse aufbereitet sind.
   Bei der Touristinformation erhält man die Broschüre »Dresden – für Gäste mit Handicap«. Sie listet u. a. alle Hotels und ihre Einrichtungen auf und verweist auf spezielle Stadtführungen und Ausflüge in die nähere Umgebung. Außerdem gibt es ein Behindertentaxi: ✆ (0351) 435 32 36.

Kinos

Schauburg
Königsbrücker Str. 55, ✆ (03 51) 803 21 85
www.schauberg-dresden.de
Eines der ältesten Kinos in Sachsen.

Programmkino Ost
Schandauer Str. 73, ✆ (03 51) 310 37 82
www.programmkino-ost.de
Filme in Originalfassung.

Ufa-Kristallpalast
Prager Str. 6
✆ (03 51) 482 58 25, www.ufa-dresden.de
Der von COOP Himmelblau entworfene Bau wurde 1998 eröffnet und bietet 2668 Sitzplätze, verteilt auf acht Kinos. Das dekonstruktivistische Gebäude konterkariert die umliegenden Plattenbauten. Der kompakte Betonblock wird von gläsernen Hüllen umlagert, die von einer Stahlskelett-Konstruktion getragenen Glasflächen erzeugen die kristalline Struktur.

Mit Kindern in Dresden

Das kann richtig spannend werden! Beim Stadträtsel geht es um »Die große Unbekannte: Dresden«. Der Rundgang durch die historische Altstadt ist so angelegt, dass Fragen auftreten, Rätsel aufkommen und merkwürdige Geschichten erzählt werden. Gemeinsam und Schritt um Schritt können diese Geheimnisse aufgedeckt werden. Die Fährtensuche richtet sich an Familien mit Kindern zwischen 8 und 14 Jahren. Sie dauert rund zweieinhalb Stunden und kostet € 12 (© 0351-49 19 21 20, www.dresden-tourist.de, Link: Dresden für Familien).

Noch aufregender ist die deutschlandweit einmalige Detektivausbildung. Sie dauert zwei Tage, wobei ein Kriminalfall gelöst und Tricks und Kniffe erlernt werden. Geübt wird u.a. der Umgang mit der camera obscura, die Codierung von Botschaften und die Herstellung von Geheimtinte. Jeder Detektiv-Kandidat erhält Unterlagen mit Instruktionen, einen Detektiv - ausweis und Material zur Ausbildung im Hygiene-Museum und den Technischen Sammlungen. Nach bestandener Prüfung erhält der Ausweis noch ein Lichtbild und der neue Detektiv trägt darin seinen selbst gewählten Decknamen ein. Auch dieses Angebot ist für Familien mit Kindern zwischen 8 und 14 Jahren. Pro Familie kostet es € 40 (© 03 51-49 19 21 20, www.dresden-tourist.de, Link: Dresden für Familien).

Im Juli findet die Erich Kästner Rallye mit Eröffnung am Bahnhof Neustadt statt. Mit der »Parole Emil« begeben sich Kinder von 7 bis 10 Jahren auf die Suche nach dem Dieb Max Grundeis aus Kästners Kinderroman »Emil und die Detektive«. Sie dauert einen Vormittag und wird mit Laiendarstellern und Schauspielern des Theaters Junge Generation durchgeführt. Ist der Dieb gestellt, wird er unter frenetischem Jubel der Polizei übergeben (pro Kind € 3, Anmeldung bei der Tourist-Info).

Vom 1. April bis Ende Oktober ist im Dorf Wehlen zwischen Pillnitz und Bastei »Die Kleine Sächsische Schweiz« aufgebaut, eine aus einheimischem Sandstein naturgetreu nachgebildete Miniaturparkanlage. Sämtliche Sehenswürdigkeiten und Ausflugsziele der Sächsisch-Böhmischen Schweiz sind in Verkleinerung nahe beieinander und auf Augenhöhe der Kinder zu bestaunen, auch die berühmte Burg Stolpen, in die August der Starke seine Mätresse verbannte. In der Gastronomie ist Platz für 100 Personen. Mit der Bahn fährt man bis Stadt Wehlen, mit dem PKW erreicht man Wehlen über die B 172 (© 03 50 24-706 31, www.kleine-saechsische-schweiz.de, tägl. 10–18 Uhr, € 7/4, Familienticket € 17).

Für die jüngeren Besucher spannende Museen sind beispielsweise das Grüne Gewölbe, die Rüstkammer (die bedeutendste in Deutschland, rund 10 000 Waffen aus vier Jahrhunderten) und natürlich das Karl-May-Museum in Radebeul (vgl. Museen).

Lohnenswert ist auch eine Fahrt mit dem Raddampfer über die Elbe (vgl. S. 84 f.). Für aktive Familien bietet sich eine Abschnittstour auf dem Elbe-Radweg an.

Auch der Ufa-Palast, ein Multiplex-Kino, ist auf die jüngere Klientel eingestellt (vgl. Kinos).

Musik

Dresdner Philharmonie
Kulturpalast am Altmarkt
℡ (03 51) 486 63 06, www.dresdnerphilharmonie.de
Das 1870 gegründete Orchester verzaubert seine Zu-
hörer mit seinem Können.

Dresdner Zentrum für zeitgenössische Musik
Karl-Liebknecht-Str. 56
℡ (03 51) 26 46 20, Fax 264 62 23, www.zeitmusik.de
Gegründet zur Förderung der modernen Musik. Neben Kammermusik und Oper multimediale Kunst-
formen und Jazz.

Moritzburg Festival
Vgl. S. 28.

Open-Air am Theaterplatz
Ob Rock oder Pop, Ballett, Operette oder Klanginstallationen – in der warmen Jahreszeit finden hier viele
Veranstaltungen statt. Auskunft über Veranstaltungen
und Interpreten: ℡ (03 51) 49 19 22 33.

*In einer der
schönsten
Barock-
straßen Dres-
dens, der
Rähnitzgasse,
liegt das Café
Donnerstag*

Sächsische Staatskapelle   aC3
Theaterplatz 2
℡ (03 51) 491 17 05, www.semperoper.de
Eines der führenden europäischen Orchester, hervor-
gegangen aus der vor über 450 Jahren gegründeten
Hofkapelle.

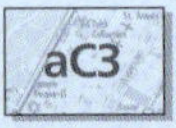

Nachtleben

Zentrum der alternativen Szene: die Alaunstraße in der Neustadt

In Dresden gibt es keine Sperrstunde. Die hier angegebenen Schließzeiten sind deshalb relativ – geschlossen wird erst, wenn der letzte Gast geht (www.kneipensurfer.de).

Alter Schlachthof
Gothaer Str. 11
℡ (03 51) 86 66 00, www.alter-schlachthof.de
Tägl. 18–2 Uhr
Seit 1997 beliebte Anlaufstelle für Rock- und Popfans. Bernd Aust, der einst in der DDR-Band Electra die Gitarre drosch, führt diesen Club mit seinem Sohn und lässt sich immer neue Programme einfallen.

Apex-Club
Schnorrstr. 20
℡ (03 51) 45 40 97 69, www.apexclub.de, tägl. ab 21 Uhr
Im Kellerclub in Uni-Nähe sind nicht nur Studenten zu Hause. Die Popmusik der letzten drei Jahrzehnte wird hier rauf und runter gespielt, das sorgt für Stimmung.

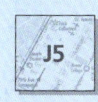

Bärenzwinger
Brühlscher Garten 1
℡ (03 51) 79 27 85 24, www.baerenzwinger.de
Tägl. ab 20 Uhr
Ein Ort mit Tradition, in DDR-Zeiten die beliebteste Disco der Stadt am Rand der Brühlschen Terrasse. Immer noch Diskothek, häufig Livemusik, vor allem Rock, Blues, Jazz.

B. Liebig
Liebigstr. 24
℡ (03 51) 471 87 59, tägl. 9–1 Uhr

Kellerkneipe in der Südvorstadt, deren Ambiente von Spaniens Surrealisten abgekupfert wurde. Die Wandmalereien sind Dalí, Miró und anderen Künstlern nachempfunden.

Karl May Bar
Taschenberg 3
☎ (03 51) 491 27 20, tägl. 18–3 Uhr
Die Bar im Kempinski-Hotel ist die feinste Bar-Adresse in Dresden. Das »Show-Shaken« wird am Wochenende von Live-Musik begleitet, die Cocktails entsprechen dem Fünf-Sterne-Standard des Hauses, die große Auswahl an Snacks ist verlockend.

Zum Gerücht
Altlaubegast 5, im Stadtteil Laubegast
☎ (03 51) 251 34 25, www.zum-geruecht.de
Tägl. ab 19 Uhr
Eine urige Kneipe für Feierfreudige, Frohnaturen und Geschichtenerzähler. Jeden So gibt es Live-Musik, und man wird auf der Homepage ausdrücklich aufgefordert, sich ebenfalls als Kleinkünstler im »Gerücht« zu produzieren!

Café Europa
Königsbrücker Str. 68, ☎ (03 51) 804 48 10
www.cafe-europa.de, rund um die Uhr geöffnet
Dresdens einziges Lokal, das nie seine Tür schließt. Nur am 1. Januar wird von 9–18 Uhr groß reinegemacht. Warme Küche rund um die Uhr, breites Alkoholangebot. Relaxte Atmosphäre, viele Nachtschwärmer.

Café 100
Alaunstr. 100
☎ (03 51) 801 39 57, tägl. 17–3, Weinkeller 19–3 Uhr
Szenelokal in der Neustadt. In der warmen Jahreszeit wird auch im Hinterhof serviert.

Dance Factory
Bautzener Str. 118
☎ (03 51) 802 00 66, www.factory-diskothek.de
Do–Sa ab 21 Uhr, So ab 17 Uhr Teenie-Disco
Wo früher die Staatssicherheit ihre Zentrale hatte – in schöner Lage am Südhang der Elbe –, kann man heute auf mehreren Etagen tanzen. Für jeden Geschmack etwas, auch ein Open-Air-Biergarten.

Downtown
Katharinenstr. 11–13
☎ (03 51) 801 39 23
www.downtown-dresden.de
Tägl. 21–3 Uhr
Gute Drinks und Live-Musik mit Newcomer-Gruppen, gleich neben der Neustädter Polizeiwache.

Feldschlösschen-Stammhaus
Budapester Str. 32
✆ (03 51) 471 88 55
www.Feldschloesschen-Stammhaus.de
Tägl. 11–1 Uhr

Bier, Bier, Bier. Das original sächsische Gasthaus mit Brauereimuseum wurde topsaniert. Trutzig präsentiert sich der Turm, sandsteingerahmt das Portal. Das Stammhaus von Feldschlößchen entstand 1858 und diente damals als Maschinenhaus. Die Bierpalette ist stattlich, die Preise sind zivil, auch für die deftigen Gerichte (z. B. Biergulasch oder Dresdner Brauerschmaus). Außen wie innen ein Bollwerk des Biers. In der Stammhaus-Bäckerei wird das Brot selbst gebacken, dazu gibt's »Hackepeter« und Gänsefett oder ins Brot eingebackenes Spanferkel …

Jazzclub Neue Tonne
Königstr. 15
✆ (03 51) 802 60 17
www.jazzclubtonne.de
Juli/Aug. Sommerpause

Traditionsreicher Jazzclub der bis 1997 in den Gewölben des Kurländer Palais' residierte. Nach dessen Verkauf zog der Club in den Bierlagerkeller der historischen Waldschlösschenbrauerei um; nach einigen Turbulenzen hat er schließlich seit April 2002 ein neues Domizil in der Königstraße gefunden hat. Verschiedene Konzertreihen wie Fr/Sa »Alte und neue Meister des Jazz«, Di Jam Session.

Kakadu-Bar
Bautzner Landstr. 7, im Parkhotel Weißer Hirsch
✆ (03 51) 210 69 49
www.parkhotel-dresden.de
Do/Fr und Sa ab 21 Uhr

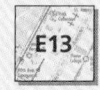

Legendärer Ort im Nobelviertel Weißer Hirsch, Wahrzeichen des Dresdner Bürgertums – Dominik Graf erzählt die Geschichte in seinem Film »Der Rote Kakadu«. Hier wurde in den 1960er-Jahren Pop zum Politikum, als Theo Schumanns Combo allabendlich den »Jailhouse Rock« spielte, sich Jugendrebellion anbahnte und deshalb die Stasi auf den Plan trat.

Kulturhof Dresden
Katharinenstr. 11–13
✆ (03 51) 810 39 23
www.groovestation.de, www.downtown-dresden.de
www.lofthouse.de, tägl. geöffnet

Auf drei Etagen die Rock'n' Roll-Bar Groovestation, der Music-Club Downtown, eine Galerie, ein Tanzhaus und der Tanz- und Varietéclub Lofthouse. Disco von den 1970ern bis heute, Rock, Indiepop, Comedy, aktuelle Szenemusik.

Mit DDR-Ambiente umgibt die »Planwirtschaft« ihre Gäste

New Town Bar
Helgolandstr. 9b
✆ (03 51) 801 43 39, www.newtownbar.de
Tägl. 14–5 Uhr
Das Kneipenduo Reni und Ulf agiert in coolem Ambiente, ihre Barkunst ist kreativ und anspruchsvoll. Monatlich gibt es Themenabende und Clubnächte mit wechselnden DJs.

Pier 15/Pacha
Leipziger Str. 15b
www.pacha-dresden.de, 20 Uhr mit open end
Neue Location in den historischen Lagerhallen des Neustädter Hafens, orientalisch eingerichtet und mit mehreren Lounges. Ständig neue Inszenierungen unter dem Label »wild und sexy«, im Sommer mit einem Beach nebendran.

PM am Altmarkt
Wilsdruffer Str. 19–21
✆ (03 51) 213 94 38, tägl. 11–5 Uhr
In diesem Haus in Stalins Zuckerbäckerstil in zentraler Lage wurde schon zu DDR-Zeiten getanzt und geflirtet. Tanzflächen auf zwei Fluren und Nischen für Menschen, die sich näher kommen wollen. Während die Woche über der Musikgeschmack jüngerer Leute bedient wird, wird es samstags rappelvoll zu Musik der 1970er- und 1980er-Jahre.

Planwirtschaft
Louisenstr. 20
✆ (03 51) 801 31 87, www.planwirtschaft.de

Tägl. 9–1, Fr/Sa bis 3 Uhr, Frühstücksbuffet 9–15 Uhr
Traditionsreiche Szenekneipe auf drei Ebenen: Keller,
Garten und Café. Hier trifft sich vor allem Dresdner
Stammpublikum im Ambiente von DDR-Tapeten,
Staubsaugern und anderen realsozialistischen Hinter-
lassenschaften. Tägl. Frühstücksbüffet, nach Wunsch
Soljanka, »Eierkuchen«, Rührei oder Räucherlachs.
Manche sagen: das beste Frühstück der Stadt.

Titty Twister
Prießnitzstr. 10
℗ (03 51) 888 77 66
Mi–So ab 20 Uhr, www.titty-twister-dresden.de
Nach zwei Jahren Umbauarbeiten hat Dresdens abge-
fahrenster Rock-Club seit 2004 wieder geöffnet. Unter
den alten Werkshallen der Pfund's Molkerei entstand
ein Ambiente, das der Filmkulisse von »From Dusk Till
Dawn« nachempfunden ist.

Raute
Böhmische Str. 22
℗ (03 51) 555 56, tägl. 19–2 Uhr
Stimmungsvolle Kneipe für junge Leute.

Red Rooster
Rähnitzgasse 10
℗ (03 51) 272 18 50, tägl. 17–5 Uhr
Rustikaler Irish Pub in guter Lage. Wer nachts Hunger
hat, bekommt hier bis 3 Uhr warme Küche.

Scheunegarten
Alaunstr. 36–40
℗ (03 51) 801 30 71, Mo–Fr 17–1, Sa/So 12–1 Uhr
Ein beliebter Sommertreff, im Winter bleibt nur das
Café. Indische Küche und Bier unter Linden, Filmnäch-
te, Partys.

Star Club
Altbriesnitz 2a
℗ (03 51) 421 03 97, www.starclub.vakuum.net
Live-Musik und Lesungen nahe der Autobahnabfahrt
Dresden-Altstadt. Variable Öffnungszeiten, jeden Sa
ab 23 Uhr bis zur ersten Straßenbahn (6 Uhr) Live-
Sessions.

SonderBar
Würzburger Str. 40
℗ (03 51) 471 95 95
So–Do 18–1, Fr/Sa 18–2 Uhr
Die Bar liegt wenig mondän in einem Wohngebiet von
Dresden-Plauen, ist aber für kontinuierliche Spitzenleis-
tungen mit höchsten Auszeichnungen prämiert wor-
den und gehört zu den drei besten deutschen Bars. Die
Karte verzeichnet 350 Drinks.

Presse

Die am Ort herausgegebenen Tageszeitungen sind die *Dresdner Neuesten Nachrichten* und die *Sächsische Zeitung* sowie das Boulevardblatt *Dresdner Morgenpost.* Die sächsische Hauptstadt hat drei Stadtmagazine: *SAX, Blitz* und *Dresdner,* alle mit einem umfangreichen Veranstaltungskalender.

Restaurants/Cafés

Die im folgenden genannten Restaurants sind in Preiskategorien eingeteilt, die für ein Hauptgericht ohne Getränk stehen:

€   – bis 15 Euro
€€   – 15 bis 25 Euro
€€€   – über 25 Euro

Ayers Rock
Münzgasse 8
✆ (03 51) 490 11 88, www.restaurant-dresden.de
Tägl. 11–3 Uhr
Red Snapper, Krokodil- und Straußensteak – australische Küche zwischen Frauenkirche und Brühlscher Terrasse. Männer favorisieren die Hausspezialität »Kangaroo Rumpsteak«, Leckermäuler kommen an den frisch gebackenen Dattelplätzchen nicht vorbei. Zudem stehen 150 Cocktailvarianten zur Auswahl. €€

Ball- und Brauhaus Watzke
Kötzschenbrodaer Str. 1
✆ (03 51) 85 29 20, www.watzke.de, tägl. 11–24 Uhr
Einstige Tanz- und Schwofstube der Industriearbeiter von Pieschen und Mickten. Watzkes Bierfleisch wird seit über 100 Jahren angeboten. Ausgeschänkt wird ungefiltertes, im Haus selbst gebrautes Bier. Das Großrestaurant mit Biergarten und Terrasse wurde grund - saniert und erstrahlt glänzend wie nie zuvor. Die großen Fenster gewähren beim volkstümlichen Vergnügen einen schönen Blick auf Elbe und Altstadt. €€

Cafe Central
Altmarkt 6
✆ (03 51) 497 61 24, www.central-dresden.de
Tägl. 9–23 Uhr, So Brunch 10–14 Uhr
Restaurant an der Ostseite des Altmarktes mit verschiedenen Frühstücksangeboten, auch für Vegetarier, mittags und abends Crossover-Küche. Die Top-Desserts sind stadtweit bekannt. €€

Café Kontinental
Görlitzer Str. 1

✆ (03 51) 801 35 31, tägl. ab 7.30 Uhr
Junge Servierkräfte, viele Zeitungen, entspannte Atmosphäre, günstige Gerichte. €–€€

Café Schinkelwache
Theaterplatz 2, ✆ (03 51) 40 28 86 60, tägl. 10–24 Uhr
Die von Friedrich Schinkel erbaute Alte Wache bietet den besten Blick auf den weitläufigen Theaterplatz, besonders bei schönem Wetter von den Terrassenplätzen aus. Neben Kaffee und Kuchen gibt es auch eine Karte für kleine und große Gerichte. €–€€

Café Toscana
Schillerplatz 7
✆ (03 51) 310 07 44, Mo–Fr 9–19, Sa 9–19, So 11–19 Uhr
Schon Luise von Toscana, Kronprinzessin am Sächsischen Hof, naschte im Wintergarten in der Nähe der Brücke »Blaues Wunder«. Dresdens Süßschnäbel räumen dieser Institution auch heute noch einen Spitzenplatz ein. Unbedingt die Haustorten probieren! €€

Café und Bistro am Zwingerteich
Theaterplatz 2
✆ (03 51) 491 15 04, www.italienisches-doerfchen.de
Für einen Snack oder Kaffee und Kuchen zwischen Museumsbesuchen gut gelegen. €–€€

Café zur Frauenkirche
An der Frauenkirche 7, ✆ (03 51) 498 98 36
www.restaurant-dresden.de, tägl. 9–2 Uhr
Motto: »Sehen und Gesehenwerden.« Von diesem Logenplatz aus kann man das internationale Publikum beobachten. Das im Brasseriestil gehaltene Lokal hält kleine Gerichte, aber auch ordentliche Portionen parat, etwa Sächsischen Sauerbraten. €€

Im Innenhof des Kügelgenhauses mit dem Museum der Dresdner Frühromantik gibt es ein Café

Chiaveri
Bernhard-von-Lindenau-Platz 1
℡ (03 51) 496 03 99, www.chiaveri.de, tägl. 11–23 Uhr
Das Restaurant im Sächsischen Landtag ist modern, funktional und bietet einen schönen Blick auf die Elbe und die am anderen Ufer liegende Neustadt. €

Elbterrasse Wachwitz
Altwachwitz 14
℡ (03 51) 26 96 10, www.elbterrasse-wachwitz.de
Tägl. 11–24 Uhr
Wer in Dresden nicht einmal an der Elbe sitzt, verpasst etwas. Dieses Restaurant eine verglaste Terrasse, es fügt sich harmonisch in die romantische Umgebung ein. Die Küche ist hochwertig, die Weinkarte erlesen. €€–€€€

Fischhaus Alberthafen
Magdeburger Str. 58
℡ (03 51) 498 21 10, www.fischhaus-alberthafen.de
Mo–Fr 12–15 und 18–23, Sa 12–24, So/Fei 12–22 Uhr
Das frühere Kulturhaus der Binnenschiffer im Dresdner Hafen wurde komplett umgebaut und besitzt eine schöne Terrasse. Neben Seefisch gibt es auch leckeren Frischfisch aus sächsischen Gewässern. €–€€

Grand Café im Coselpalais
An der Frauenkirche 12a
℡ (03 51) 496 24 44, www.restaurant-dresden.de
Tägl. 10–1 Uhr
Neue und empfehlenswerte Adresse für touristisches und Laufpublikum. Leichte Speisen von Fisch über Fleisch bis vegetarisch, hübsche Terrasse im historischen Zentrum. Verführerisch ist das Riesenkuchen- und Tortenangebot. €–€€

Historisches Fischhaus
Fischhausstr. 14
℡ (03 51) 89 91 00, www.fischhaus-dresden.de
Mo–Fr 12–24, Sa/So 11–23 Uhr
Im romantischen Jugendstilsaal, am Kamin oder in der besseren Jahreshälfte im Freigarten werden neben Fischgerichten auch Wildspezialitäten, wie sie seit August dem Starken populär sind, aufgetafelt. €€

Italienisches Dörfchen
Theaterplatz 3
℡ (03 51) 49 81 60
www.italienisches-doerfchen.de, tägl. ab 10 Uhr
Mediterranes Flair an Dresdens berühmtem Platz. Einer der romantischsten Orte Dresdens: Schaufelraddampfer gleiten vorüber, auf der Augustusbrücke turteln Liebespaare. Man nimmt im »Caffee« Leckereien der hauseigenen Patisserie, im »Ristorante Bellotto« mit Weinzimmer, Biersaal und Kurfürstenzimmer. €€€

Kahnaletto

Terrassenufer an der Augustusbrücke, Zugang beim »Italienischen Dörfchen«
© (03 51) 495 30 37, www.kahnaletto.de
Tägl. 12–15 und 18–24 Uhr, Bar Di–So 18–1 Uhr
Auf dem »Theaterkahn« gibt es die experimentier-freudigste Küche Dresdens. €€

Kleppereck

Münzgasse 10, © (03 51) 496 51 23
www.kleppereck.de, So–Do 10–24, Fr/Sa 10–1 Uhr
Lokal mit sächsischer Küche am Fuß der Brühlschen Terrasse, im Sommer mit großem Freiluftteil und Blick aufs Flusspanorama. Der Klepperstall wurde 1588 vom Grafen Brühl zur Unterbringung der Zugpferde erbaut. Fuhrleute und Stallknechte des kurfürstlichen Hofstaats zechten hier. €–€€

Restaurant Kö N° 5a

Königstr. 5a, © (03 51) 802 40 88, www.koe5.de
Tägl. 11.30–23.30 Uhr (Küchenschluss)
Im Untergeschoss des Lippert'schen Hauses von 1737 an der wieder erstandenen Prachtmeile Königstraße. Mit Hofschenke, glasüberdachtem romantischen Innenhof mit historischem Brunnen, Lippert'scher Stube und Königlich-Sächsischem Weinkeller. €€

Körnergarten

Friedrich-Wiek-Str. 26, © (03 51) 268 36 20
www.koernergarten.de, tägl. 11–24 Uhr
Das unterhalb des »Blauen Wunders« an der Elbe gelegene Gasthaus mit Biergarten ist ein beliebter Rastplatz für Ausflügler. Der Name geht auf die Familie Körner zurück, die das Anwesen 1897 kaufte. Auf den Tisch kommen preiswerte, gutbürgerliche Gerichte wie Sächsischer Sauerbraten. €

La Fourchette

Wittenberger Str. 87
© (03 51) 312 03 71, www.la-fourchette.de
Dakar-Paris-Dresden. In der Nähe des Blauen Wunders hat das Feinschmeckerlokal mit französisch-karibischer Küche eröffnet. Der Service ist ausgezeichnet. €€–€€€

Lesage in der Gläsernen Manufaktur

Lennéstr. 1, © (03 51) 420 42 50
www.glaesernemanufaktur.de, tägl. 8–20 Uhr
Hinter der Glasscheibe wird am Phaeton gewerkelt. Serviert wird gehobene internationale Küche zu moderaten Preisen. €€

Luisenhof

Bergbahnstr. 8
© (03 51) 214 99 60, www.luisenhof.org

Mo–Sa 11–24, So 10–24 Uhr
Spitzenrestaurant in Hanglage im noblen Stadtteil
Weißer Hirsch. Panoramablick aus dem großen Saal, im
Sommer mit Gartenterrasse. Sächsische Klassiker auf
den Tellern und Spitzenweine von den nahen Elbhän-
gen in den Gläsern. Reservierung empfehlenswert. €€€

New California
Wallgäßchen 4, in der Prisco-Passage an der Königstraße
℘ (03 51) 811 35 10, www.newcalifornia.de
Tägl. 11–2, So/Fei 11–15 Uhr Brunch
Lockere Atmosphäre herrscht in den ehemaligen
Remisen für die königlichen Pferde. Leichte, würzige
Küche. Die Terrasse hat 80 Plätze und gewährt einen
Blick auf einen prächtigen Garten. €€

Pattis
Merbitzer Str. 53
℘ (03 51) 42 55-0, www.pattis.de, Di–Sa 18–24 Uhr
Gourmet-Restaurant, in dem die sächsische Küche einen kunstvollen höfischen Glanz erhält. Gekocht wird
nach Menükarten der barocken Wettiner. Meißner
Porzellan ziert die Tische. Mit Terrasse. €€€

Radeberger Spezialausschank
Terrassenufer 1
℘ (03 51) 484 86 60, tägl. 11–1 Uhr
Vielen Bierfans gilt Radeberger als Deutschlands bestes
Bier. Hier wird es aus drei riesigen Kupferbehältern
frisch gezapft, dazu gibt es rustikale Brauhauskost –
zur warmen Jahreszeit wird auch auf der Brühlschen
Terrasse serviert. €€

Restaurant im Schloss Eckberg
Bautzener Str. 134
℘ (03 51) 809 90, www.schloss-eckberg.de
Tägl. 11.30–14 und 18–23.30 Uhr
Die feine europäisch-asiatische Küche, die hier gebo-
ten wird, gibt es auch in anderen Restaurants. Aber sie
auf der wunderbaren Schlossterrasse mit Blick auf die
Elbe zu verzehren, ist ein besonderes Erlebnis.
€€–€€€

Sächsisch-Böhmisches Bierhaus Altmarktkeller
Altmarkt 4
℘ (03 51) 481 81 30, www.altmarktkeller-dresden.de
Tägl. 11–24 Uhr
Di ist Haxentag, Mi Riesenschnitzeltag, Do gibt's Span-
ferkelrollbraten. Fleischesser können hier völlen. Die
Küchen Sachsens und Böhmens sind deftig, es gibt alles
vom Gänsebraten bis zu Wildgerichten. Gespeist wird
unterm Kreuzgewölbe des Altmarktkellers, bedient
wird von hurtigen Marketenderinnen. Öfters Blas-
musik. €€

Schillergarten

Schillerplatz 9

℡ (03 51) 811 99 22, www.schillergarten.de

Tägl. 11–1 Uhr

Traditionsgaststätte, in der schon im 18. Jh. deftige sächsische Küche kredenzt wurde. Vor dem Bau des »Blauen Wunders« legte hier die Elbfähre an und brachte Leute aus der Innenstadt nach Blasewitz. Ihren Namen erhielt sie, weil Schiller sich während seines Dresden-Aufenthalts in die Wirtshaustochter verguckt hatte, diese ihm aber die kalte Schulter zeigte. Seit 2009 mit eigener Fleischerei und Ladengeschäft, Würste aus der Räucherkammer (€–€€). €

Sophienkeller

Taschenberg 3, ℡ (03 51) 497 26-0

www.sophienkeller-dresden.de, tägl. 11–1 Uhr

Entführung in die Welt Augusts des Starken. Ein Keller wie der sächsische Königshof im 18. Jh.: Artisten, Gaukler, Musikanten, Mägde und Knechte in den vollständig erhaltenen Tonnengewölben des Sophienkellers. €€

Ullersdorfer Mühle

01454 Ullersdorf bei Dresden

Von der Bautzner Landstraße über Bad Weißer Hirsch bis nach Bühlau, von dort 2 km in Richtung Radeberg

℡ (03 51) 268 53 37, www.ullersdorfer-muehle.de

Di–Fr 11–14 und 17–22, tägl. 11–24 Uhr

Uriger Familienbetrieb in einer 1903 erbauten und kürzlich vor dem Abbruch geretteten Mühle in der stadtnahen Dresdner Heide, in der schon Erich Kästner einkehrte, um eine *Eierschecke* zu verspeisen. Nahebei liegt ein 18-Loch-Golfplatz, es gibt Tennisplätze, Reitmöglichkeiten, ein Schwimmbad und Fahrradverleih. Die Mühle bietet sich für einen Tagesausflug an – oder für einen Wochenend-Trip, denn ein Hotel gehört dazu. Im Sommer ist der Biergarten geöffnet. €–€€

Villa Marie

Fährgässchen

℡ (03 51) 31 54 40, www.villa-marie.de

Tägl. 11.30–24 Uhr

Berühmter Italiener direkt am berühmten »Blauen Wunder« mit schönem Sommergarten und Blick auf den Weißen Hirsch mit Standseilbahn und Schwebebahn. €€

Villandry Restaurant

Jordanstr. 8

℡ (03 51) 899 67 24, www.villandry-restaurant.de

Mo–Sa ab 18.30 Uhr, So geschl.

Mediterranes Flair und ebensolche Küche im Restaurant oder im Sommergarten. Sehr gutes Weinangebot mit tägl. 25 offenen Weinen. Do Live-Musik. €€

Weltcafé
Schillingstr. 7
✆ (03 51) 420 78 25, www.weltcafe-dresden.de
Tägl. außer Di 14–22 Uhr
Serviert werden fair gehandelte biologische Produkte
wie Kaffee, Tee, Waffeln, Eis oder Bier aus aller Welt.
Aber auch auf Dresdner Bucheckchen braucht nie-
mand zu verzichten. €

Sightseeing/Touren

Über die zahlreichen Möglichkeiten, an organisierten
Stadtrundgängen und -fahrten oder an Touren in die
nähere Umgebung Dresdens teilzunehmen, informiert
Sie die Touristinformation (Adresse vgl. S. 59).

Dampferrundfahrten:

**Sächsische Dampfschiffahrts GmbH & Co., Conti Elb-
schifffahrts KG**
✆ (03 51) 866 09-0, Fax (03 51) 866 09 88
www.saechsische-dampfschiffahrt.de
Von Anfang April bis Anfang Nov. führt die »Kleine
Stadtrundfahrt zu Wasser« (90 Min.), tägl. 11, 13, 15,
Mai–Okt. auch 17 Uhr, stromaufwärts. In derselben
Periode führt die »Schlösserfahrt« (90 Min.) vorbei an
den Elbuferschlössern Albrechtsberg, Villa Stockhausen
(Lingner-Schloss) und Schloss Eckberg bis zum »Blauen
Wunder« und zum Schloss Pillnitz, tägl. 10, ab Mai auch
12, 14 und 16 Uhr.
    Es bestehen ebenfalls regelmäßige Verbindungen
Richtung **Sächsische Schweiz**: Anfang April–Anfang
Nov. tägl. 9.30 Uhr von Pirna nach Bad Schandau, tägl.
13 Uhr von Pillnitz nach Bad Schandau, Anfang Mai–
Anfang Okt. zusätzlich 15 Uhr von Pirna nach Bad
Schandau). Abfahrtstelle: Terrassenufer 1–2, unterhalb
der Brühlschen Terrasse.
    Die reizvolle Fahrt entlang der **»Sächsischen Wein-
straße«** vom Dresdner Terrassenufer über Meißen nach
Diesbar-Seußlitz ist im April und Okt. nur Fr–So, Mai–
Sept. tägl. 9.15 Uhr im Angebot, vgl. auch o.g. Homepage. In Diesbar-Seußlitz legt das Schiff in den Mittags-
stunden an, so dass man dort von Bord, in den Weinbergen und im Ort spazieren gehen oder ein Restaurant aufsuchen kann.
    Höhepunkte der Saison sind die Dampferparaden,
die dreimal stattfinden: Einmal am 1. Mai und zweimal
im August während des Dampfschifffestes. Die Para-
deformation aus historischen Raddampfern – darunter
der mehr als 100 Jahre alte, technisch überholte Raddampfer »Krippen« – geht elbaufwärts. Am Schloss
Pillnitz findet ein spektakuläres Wendemanöver statt,
dann geht es elbabwärts zurück nach Dresden.

*Die Frauen-
kirche – Dres-
dens altes
und neues
Wahrzei-
chen* ▷

MARTIN LUTHER

Stadtbesichtigungen:

Augustus Tours
Turnerweg 6
© (03 51) 56 34 80, Fax (03 51) 563 48 11
www.augustustours.de
Die Reisebegleiter zeichnen sich durch individuelle
Betreuung aus. Eine Attraktion sind die Weinseminare
unter dem Motto »Klassisch, sächsisch, trocken« mit
zwei Übernachtungen. Auch Urlaub beim Winzer,
Kulinarisches in Radebeul oder Gourmet-Tage in
Meißen sind ein guter Einstieg in Stadt und Region.

Stadtfilius – Events & Stadtführungen mit Schauspiel
Büro: Königsbrücker Str. 87
© (0179) 941 16 36
www.stadtfilius.de, €18–55/Person
Ungewöhnliche Rundgänge durch die Dresdner Stadtgeschichte bei Tag und Nacht, oft verbunden mit
einem Abendessen. Raub- und Mordgeschichten,
»Taler und Dukaten« oder »Potz Blitz, was wollt Ihr
denn in Blasewitz!«.

Fahrradfahren
Durch Dresden führt der **Elberadweg**, eine der schönsten
Strecken Deutschlands (www.elberadweg.de). Auch
innerstädtisch macht das Radfahren Spaß, vor allem am
Fluss. Fahrradverleih: Hauptbahnhof,© (03 51) 461 32 85;
Bahnhof Dresden Neustadt, © (03 51) 461 56 01; »Eichler
Fahrräder«, Schandauer Str. 90–92, © (03 51) 251 68 30;
»Radsport Päperer«, Veilchenweg 2, © (03 51) 264 12 40,
www.radsport-paeperer.de.

Striezelmarkt, vgl. S. 69

Stadtrundfahrt der Touristinformation
© (03 51) 495 50 25, tagsüber jede Stunde
Erster Halt: Ecke Prager Straße/Dr.-Külz-Ring; zweiter
Halt: Augustusbrücke/Brühlsche Terrasse.

Stadtrundfahrt mit der Hamburger Hummelbahn
Ab Postplatz/Zwinger
© (03 51) 494 04 04, www.stadtrundfahrt-dresden.de
April–Okt. im Doppeldeckerbus, Cabrio-Bus oder Uni-
mog tägl. ab 9.30 Uhr alle ein bis zwei Stunden.

Trabi-Safari-Tours
Ostra-Allee 27, © (03 51) 899 00 66, www.trabi-safari.de
Ob mit Dach oder als Cabrio, gestreckt oder in drang-
voller Enge, knallrot oder himmelblau, mit Fahrer oder
selbst am Steuer mit Vier-Gang-Handschaltung – die
Stadtrundfahrt mit dem Trabant, die auch als Gruppen-
reise angeboten wird, ist ein Erlebnis. Startpunkt der
Tour ist der Theaterplatz, Endpunkt das Kronentor des

Dresdner Zwingers. Anderthalb Stunden kosten pro Person € 20–30 (je nach Auslastung).

Bei Selbstfahrern fährt ein Guide vorweg und erklärt die Attraktionen per Funkübertragung. Für Selbstfahrer gibt es am Ende einen Trabi-Führerschein mit Passbild. Auch eine romantische Nachttour ist im Angebot.

Tipp: Neben der Sächsischen Schweiz und den Schlössern Moritzburg und Pillnitz (vgl. S. 25 ff.) gehört **Meißen** zu den attraktiven Ausflugszielen in der Nähe Dresdens. Anreise: Mit der S-Bahn (S 1) oder den Dampfern der Sächsischen Dampfschiffahrts GmbH (vgl. S. 84).

Für Liebhaber Meißner Porzellans ist der Besuch der **Staatlichen Porzellanmanufaktur Meißen** ein Muss (Talstr. 8, 01662 Meißen, ☏ 0 35 21-46 82 08). Schauräume und Werkstatt sind tägl. 9–18, Nov.–April bis 17 Uhr geöffnet, Führungen beginnen alle 10 Minuten.

Sprachhilfen für das Sächsische

Die Sachsen haben es gern *gemiedlich* und die Dresdner als Residenzstädter besonders. Das Solid-Friedliche, Gemächliche, bisweilen etwas Behäbige und ans Fatalistische grenzende ihres Wesens findet seinen Ausdruck in der Sprache. *Ostmeißnisch* nennen die Dialektforscher das milde Dresdner Idiom – milde und weich wie die Landschaft –, das ein wenig abweicht von den 21 Variationen der sächsischen Mundartlandschaft. Allen gemeinsam ist, dass der sächsische Sprachstil die Gutmütigkeit der Sachsen widerspiegelt, vor allem ihr Harmoniebedürfnis. Der Singsang der Dresdner strahlt Selbstbewusstsein aus, weil sie vielleicht wissen, dass ihr Dialekt der normgerechten deutschen Hochsprache, die Luther aus dem Meißner Kanzleideutsch entwickelte, besonders nahe steht. Das Sächsische, das heute allgemein als Verflachung des Hochdeutschen gilt, war die Wiege unserer neuhochdeutschen Literatursprache.

Gewandhaussächsisch nennen andere Sachsen das Idiom der Dresdner. Ein freundlicher, die Laute vielfach diphthongierender Singsang, der ohne saubere *As*, volltönende *Os* und stilreine *Is* auskommt. Genau das Richtige für Leute, die über ein gesundes, gegen die Widrigkeiten des Lebens gepolstertes Phlegma verfügen, die eben *Drahnduden* sind. In der Elbmetropole wird nicht gegraben, sondern *gebuddelt,* selbst wenn ein Bagger das Erdreich aushebt. Nachts in der Disco ruft der DJ: »*Heute wird Debs gemacht!*«, womit er seiner Hoffnung Ausdruck gibt, dass Stimmung aufkommt. Der überall in Sachsen beliebte Kartoffelbrei heißt *Mauke* – so kann auch Migräne genannt werden *(Unsere Alte hat heute ihre Mauke.)* oder eine Entzündung der Hinterseite der Pferdefesseln, ein Vorrats-Ort für Obst oder eine grundsätzliche Lustlosigkeit *(keine Mauke haben).*

Beliebt sind bei Kindern *Blinsen* (Plinsen) aus der Pfanne, die man mit Butter bestreicht; und zum Abendbrot nimmt der Dresdner *'ne Bemme*. Wer dem Alkohol zugeneigt ist, *nibbelt,* auch wenn der Konsum exzessiv ausfallen sollte. Das Geld dafür muss sich *zusammenläppern,* aber auf legale Weise, um nicht *d'Hucke* voll zu kriegen und hoffen zu müssen, dass die Ehefrau nicht *dickscht* (von dick wie Dickkopf = schmollen).

Der Sachse sagt von sich, er sei *vichelant* (nach dem französischen vigilant = behende, wendig). Lehnt er etwas ab, raunzt er *escha.* Das kommt ihm nicht über die Lippen, wenn es um *Gaffee un Guchen* geht, die gehören einfach zum Leben. Schwacher Kaffee (meist koffeinfrei oder Malzkaffee) wird *Bliemchengaffee* genannt. Die einleuchtende Erklärung: Bei gefüllter Tasse kann man das früher übliche Blümchenmuster auf dem Tassenboden erkennen. Volkskundler verraten augenzwinkernd, wie *Bliemchengaffee* hergestellt wird. Eine Kaffeebohne wird an einem Zwirnsfaden so in die Sonne gehängt, dass der Schatten der Bohne in einen mit kochendem Wasser gefüllten Kessel fällt!

Fragt die Gastgeberin beim Kaffee »*Dädn se ooch noch e Stückl Guchen nähm?*«, ist damit gemeint, ob Sie auch noch ein Stück Kuchen möchten. Benimmt sich der Gast nicht ordentlich und krümelt beim Essen, wird er schon mal angefahren: »*Se ham ja ganz scheen gemooscht!*« Immer, wenn der Dresdner emotional reagiert, läuft er sprachlich zur reinen Dialektform auf. Das war schon bei König Friedrich August III. so, der im November 1918 abgesetzt wurde und daraufhin seinem Volk verkündet haben soll: »*Da macht doch eiern Dregg alleene!*«

Die Mundart der Dresdner gilt unter Sprachwissenschaftlern nicht nur als originell, sondern auch als schöpferisch. Zwar sind die Zeiten lange vorüber, als wohlhabende Bürger anderer deutscher Länder ihre Söhne nach Dresden schickten, damit sie richtig sprechen und schreiben lernen. Aber die Tradition ist immer noch eine stolze. »Ich rede nach der sächsischen canzeley, welcher nachfolgen alle könige und fürsten in Deutschland«, bekannte der Reformator Martin Luther, und der Anhalter Philip von Zeesen bescheinigt in seinem »Adriatischen Rosenmundt« von 1640, dass man in Dresden »das zierlichste Hochdeutsch« spreche, »das man im Schreiben gebraucht«.

Theater/Oper/Konzert

Spielpläne unter: www.dresden-theater.de

Dresdner Comedy & Theater Club
Im historischen Königskeller Restaurant Barococo, Altmarkt 10

✆ (03 51) 464 48 77
www.vomedytheaterclub-dresden.de
Volkstümliche Satire, die mit »Rattenscharfe Weih-
nacht«, »Schäfers Stündchen« oder »Der rote Mann
steht vor der Tür« Alltäglichkeiten auf die Schippe
nimmt.

*Kabarett Die
Herkuleskeule*

Felsenbühne Rathen
Amselgrund, 01824 Rathen
✆ (03 50 24) 77 70
Ein lohnender Theatertipp für Ausflüge in die Sächsische Schweiz. Die Aufführungen des Naturtheaters
(*Old Shurehand, Wilhelm Tell, Pippi Langstrumpf* u. a.)
finden von Mai–Sept. statt. Die Schiffslinien richten
sich mit ihren An- und Abfahrtszeiten nach den Spiel-
zeiten der Felsenbühne in Rathen.
Anreise mit Auto, S-Bahn oder Elbdampfer.

bD7

Die Herkuleskeule
Sternplatz 1, ✆ (03 51) 492 55 55
www.herkuleskeule.de (auch für Kartenbestellung)
Politisch-satirische Keulenschläge, die den einen weh
tun und bei anderen Gelächter erregen.

aD1/2

Komödie Dresden
Freiberger Str. 39, World Trade Center
✆ (03 51) 86 64 10
www.komoedie-dresden.de
Größtes sächsisches Privattheater mit 643 Plätzen, die
Besucherzahlen stehen an einer vorderen Stelle unter

G4

den Komödien in Deutschland. Schauspiel, Kabarett, Lustspiel, Konzert, Liederabende und Nachtprogramme gehören zum Repertoire.

Projekttheater Dresden
Louisenstr. 47
℡ (03 51) 810 76 11
www.projekttheater.de
Freie Theatergruppen experimentieren genre übergreifend und mit offensichtlicher Lust an der Sache.

Puppentheater der Stadt Dresden
Rundkino, Prager Straße
℡ (03 51) 49 65 370, www.tjg-dresden.de
Ein Ort für Kinder und deren erwachsene Begleiter, die über kindgerechte Pointen lachen können.

Sächsische Staatsoper/Semperoper
Theaterplatz 2
℡ (03 51) 491 10 (nur Auskunft)
www.semperoper.de
Kartenbestellung: Besucherdienst der Sächsischen Staatsoper Dresden, Theaterplatz 2, 01067 Dresden, ℡ (03 51) 491 17 05 oder über die Homepage
Reservierung: ℡ (03 51) 49 11-705
Rund-um-die-Uhr-Ansage Spielplan: ℡ (03 51) 49 11-731
Spielplaninfos: ℡ (03 51) 49 11-740
Reservierungsfax: (03 51) 49 11-700
Faxabruf Spielplan: (03 51) 49 11-750
Vorverkauf: Schinkelwache (vgl. S. 91)
Eines der großen Opernhäuser der Welt mit erstklassigen Aufführungen von Opern, Sinfoniekonzerten, Ballett und Kammermusik. Sitz der Sächsischen Staatskapelle.

Semper Kleine Szene
Bautzner Str 107
℡ (03 51) 491 17 80, www.semperoper.de
Im einstigen Wohnhaus der Tanzpädagogin Mary Wig - man (1896–1973) stellen die Nachrücker der Opernszene ihr Können unter Beweis in Kammeroper und experimentellem Musiktheater. Natürlich fehlt auch nicht der klassische Tanz.

Societätstheater
An der Dreikönigskirche 1a
℡ (03 51) 811 90 50, www.societaetstheater.de
»Mit Phantasie die Welt in Frage stellen«, so lautet das Motto der Theatercompany. Dies geschieht mit gelegentlich bitterem, aber auch befreiendem Humor . Die Zuschauer haben einen direkten Kontakt zu den Schauspielern auf der Bühne. Stücke wie »Das Schweigen der Welt«, »Berühmte Liebespaare« oder »Fräulein Smillas Gespür für Schnee« stehen auf dem Programm.

Sommertheater im Großen Garten
Mitte Juni–Ende Aug.
℃ (03 51) 49 19 22 33 (Dresden Werbung & Tourismus GmbH)

Im Parktheater am Palaisteich finden jeden Sommer Classic-Open-Air-Aufführungen des Dresdner Staatsschauspiels und Konzerte von Gastorchestern aus verschiedenen Ländern statt. Die schöne Parkanlage bildet die Kulisse für die Veranstaltungen.

St. Pauli Ruine
Königsbrücker Platz
℃ (03 51) 374 33 83
www.theaterruine.de

Die Ruine St. Pauli in der Dresdner Neustadt ist von Efeu und Wein umrankt. Die einstige dreischiffige Kirche von 1890 brannte nach Bombenangriffen 1945 aus, seit 1996 ist sie für Kulturveranstaltungen präpariert. Mehr als 100 ehrenamtliche Vereinsmitglieder und Sponsoren laden zwischen Mai und September in Freiluftatmosphäre zu Klassikern wie Shakespeares »Wie es euch gefällt«, aber auch zu Auftritten von Chören, Gospelgruppen und Pop-Bands ein.

Staatsschauspiel Dresden (Schauspielhaus)
Theaterstr. 2
℃ (03 51) 491 35 55 (Abendkasse)
www.staatsschauspiel-dresden.de

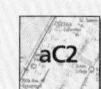

Das Theater wurde 1911–13 von den Architekten Lossow und Kühne gebaut, im Zweiten Weltkrieg stark zerstört, danach wieder aufgebaut, aber erst 1990–95 historisch rekonstruiert und wiedereröffnet.

Staatsoperette
Pirnaer Landstr. 131 (Leuben)
℃ (03 51) 207 99 29
www.staatsoperette-dresden.de

Neben Operetten und Konzerten werden Musicals und Rockopern auf die Bühne gebracht.

Theater Wechselbad
Maternistr. 17
℃ (03 51) 796 11 55, www.theater-wechselbad.de

Temporeiche Shows, ausgefallene Stücke wie »Tagebuch eines Wahnsinnigen« oder Kafkas »Bericht für eine Akademie«, Soloauftritte von Schauspielern u.v.m. – aber immer läuft es auf ein Wechselbad der Gefühle hinaus.

Theaterkahn Dresdner Brettl
Am Terrassenufer
℃ (03 51) 496 94 50, www.theaterkahn-dresden.de

Theater für Kabarett, Musik und Literatur mit Gastronomie auf einem ausgemusterten Elbkahn.

Tickets/Kartenvorverkaufsstellen:

Kulturservice Kulturpalast
Schlossstr. 2, gegenüber Altmarkt
✆ (03 51) 486 66 66
Mo–Fr 10–19, Sa 10–14 Uhr

Konzertkasse im Florentinum
Ferdinandstr. 12
✆ (03 51) 86 66 00
Mo–Fr 10–19, Sa 10–14 Uhr
An diesen Kassen nur persönlicher Ticketerwerb. Ansonsten Ticket Hotline ✆ (03 51) 49 19 22 33, Fax (03 51) 49 19 22 44, www.konzertkasse-dresden.de

saxTicket
Königsbrücker Str. 55
Seiteneingang Kino Schauburg
✆ (03 51) 803 87 44
www.saxticket.de

Verkehr

In die Stadt Dresden führen sternförmig **Bundesstraßen,** die B6 von Meißen und Bautzen, die B97 von Cottbus, die B170 von Dippoldiswalde, die B172 von Pirna und die B173 von Freiberg. Rund um die Uhr geöffnete Tankstellen sind überall im Stadtgebiet zu finden.

Dresden hat den Vorteil, dass die meisten Sehenswürdigkeiten nahe beieinander liegen und leicht zu Fuß zu erreichen sind. **Straßenbahnen und Busse** des öffentlichen Nahverkehrs fahren überall hin. Die Tickets werden in den Verkehrsmitteln oder an Automaten gekauft. Neben Einzelfahrscheinen gibt es preiswerte Tages- und Familienkarten.

Die wichtigsten Ein- und Umsteigepunkte sind Hauptbahnhof, Postplatz und Pirnaischer Platz, in der Neustadt der Albertplatz. Sämtliche Straßenbahnlinien haben einen direkte Anbindung ans Stadtzentrum, halten entweder am Hauptbahnhof oder am Neustädter Bahnhof. Die wichtigsten Strecken werden tagsüber im Fünf-Minuten-Takt bedient. Fahrplanauskunft: Dresdner Verkehrsbetriebe, ✆ (03 51) 857 10 11 und unter www.dvbag.de.

Die Außenbezirke sind mit der **Stadt-Vorort-Bahn** (SV-Bahn) zu erreichen. Die SV-Bahn fährt bis in die Dresdner Heide, nach Meißen, in den Tharandter Wald und über Pirna in die Sächsische Schweiz. Informationen und Preisauskünfte gibt der Fahrgastservice der Dresdner Verkehrsbetriebe, ✆ (03 51) 857 10 11.

Unter ✆ (03 51) 21 12 11 kann man ein **Funktaxi** anfordern. Standplätze sind mit einem weißen »T« auf blauem Grund markiert. ⚜

Die **fetten** Seitenzahlen verweisen auf ausführliche Erwähnungen, *kursiv* gesetzte Begriffe bzw. Seitenzahlen beziehen sich auf den Service.

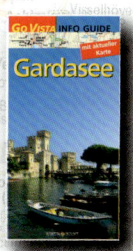

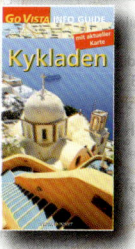

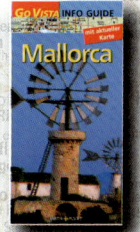

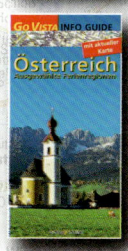

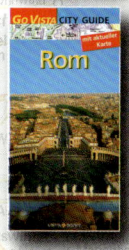
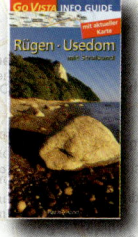

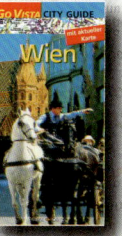

Bildnachweis

Dresden Tourismus/Christoph Münch: S. 85
Ralf Freyer, Freiburg i. Br.: S. 2, 73, 16, 18/19, 28/29, 31, 40, 51, 56, 65, 76, 79
Foto-Design Herzig, Groß-Gerau: S. 20 u., 21, 23
Fotolia/Stefan Gaubisch: S. 11
Sylvio Dittrich, Dresden: S. 14, 63
Gernot Huber/laif, Köln: Schmutztitel (S. 1), S. 4/5, 20 o., 22 und Umschlagrückseite, 24, 26, 32/33, 33 o., 36, 47, 49, 57 o., 57 u., 60, 67, 72, 89
Martin Kirchner/laif, Köln: S. 12, 15, 30, 55, 62
Udo Pellmann, Freital: S. 43
Sächsische Landesbibliothek, Dresden: S. 8/9
Vista Point Verlag (Archiv), Köln: S. 7, 34, 45, 58

Schmutztitel (S. 1): Barocke Schönheit: das Nymphenbad im Zwinger
Umschlagrückseite: Der Fürstenzug an der Außenseite des Langen Ganges

Konzeption, Layout und Gestaltung dieser Publikation bilden eine Einheit, die eigens für die Buchreihe der **Go Vista City/Info Guides** entwickelt wurde. Sie unterliegt dem Schutz geistigen Eigentums und darf weder kopiert noch nachgeahmt werden.

© Vista Point Verlag, Köln
10., aktualisierte Auflage 2010
Alle Rechte vorbehalten
Verlegerische Leitung und Reihenkonzeption: Horst Schmidt-Brümmer, Andreas Schulz
Lektorat: Kristina Linke, 10. Auflage: Franziska Zielke
Layout und Herstellung: Kerstin Hülsebusch-Pfau
Reproduktionen: ceynowa lithographie, Köln; Litho Köcher, Köln
Kartographie: Berndtson & Berndtson Productions GmbH, Fürstenfeldbruck; Huber Kartographie, München
Gedruckt auf chlorfrei gebleichtem Papier

ISBN 978-3-86871-508-8

An unsere Leserinnen und Leser!
Die Informationen dieses Buches wurden vom Autor gewissenhaft recherchiert und von der Verlagsredaktion sorgfältig überprüft. Nichtsdestoweniger sind inhaltliche Fehler nicht immer zu vermeiden. Für Ihre Korrekturen und Ergänzungsvorschläge sind wir daher dankbar.

VISTA POINT VERLAG
Händelstr. 25–29 · 50674 Köln · Postfach 27 05 72 · 50511 Köln
Telefon: 02 21/92 16 13-0 · Fax: 02 21/92 16 13 14
www.vistapoint.de · info@vistapoint.de